Deutscher
Städtebaupreis
DASL 2014

STADT BAUEN
5

Deutscher Städtebaupreis 2014

STADT BAUEN
5

Symposium
Neue Wege in der Stadt

Preisverleihung
Deutscher Städtebaupreis 2014

Werner Durth (Hg.)

Wasmuth

Werner Durth im Auftrag der Deutschen Akademie für Städtebau und Landesplanung
Symposium: Neue Wege in der Stadt

Preisverleihung Deutscher Städtebaupreis 2014
9. Oktober 2014, Neues Schloss Stuttgart,
Neues Schloss, Schlossplatz 4, 70173 Stuttgart

Impressum

© 2015 Ernst Wasmuth Verlag Tübingen · Berlin
Das Copyright für die Texte liegt bei den Autoren.
Das Copyright für die Abbildungen liegt bei den Fotografen/Inhabern der Bildrechte.
Alle Rechte vorbehalten.

Redaktion und Koordination: Werner Durth, Irene Gaus
Gestaltung und Satz: Polynox – Büro für Gestaltung, Darmstadt
Druck und Bindung: AZ Druck und Datentechnik, Kempten

Bibliografische Information der Deutschen Bibliothek
Die Deutsche Bibliothek verzeichnet diese Publikation in der Deutschen Nationalbibliografie;
detaillierte bibliografische Daten sind im Internet über **http://dnb.ddb.de** abrufbar.

Ernst Wasmuth Verlag GmbH & Co.
Fürststraße 133, D-72072 Tübingen
www.wasmuth-verlag.de

ISBN 978-3-8030-0796-4

Symposium
Neue Wege in der Stadt

Begrüßungen
6 Martin zur Nedden
   Philip Kurz

Einführung
10 Werner Durth

Reparatur der autogerechten Stadt
18 Hartmut Topp

Podium I
28 Reiner Nagel im Gespräch mit
    Ilse Helbrecht, Hille von Seggern,
    Peter Conradi

Podium II
42 Rena Wandel-Hoefer im Gespräch mit
    Gisela Stete, Harald Heinz, Alfred Peter,
    Hartmut Topp

Preisverleihung
Deutscher Städtebaupreis 2014

52 **Festakt**

54 **Begrüßungen**
    Martin zur Nedden
    Joachim E. Schielke

60 **Festvortrag**
    Ulrich Maly

66 **Zur Arbeit der Jury**
    Christine Grüger im Gespräch mit
    Rena Wandel-Hoefer

68 **Preisverleihung und Empfang**

72 **Prämierte Projekte**
74 Deutscher Städtebaupreis 2014
90 Auszeichnungen
102 Belobigungen
116 Deutscher Städtebaupreis 2014 – Sonderpreis
124 Auszeichnungen
132 Belobigungen

140 **Weitere Beiträge**
    Deutscher Städtebaupreis 2014
    und Sonderpreis

146 **Abbildungsverzeichnis und Bildnachweise**

Symposium
Neue Wege in der Stadt
Begrüßung

01 Seitenflügel des Neuen Schlosses in Stuttgart mit Zugang zu dem im Obergeschoss gelegenen Weißen Saal

Martin zur Nedden
Präsident der DASL

Es freut mich sehr, Sie so zahlreich zu unserem Symposium „Neue Wege in der Stadt" begrüßen zu können. Das Symposium hat traditionell zwei Funktionen: Zum einen ist es eine Art Ouvertüre zur Verleihung des von der Deutschen Akademie für Städtebau, mit maßgeblicher Unterstützung der Wüstenrot Stiftung, ausgelobten Deutschen Städtebaupreises, und zum anderen vertieft es mit seinem Programm insbesondere die Thematik des Sonderpreises. Auch wenn es kein Zufall ist, dass das Motto des Sonderpreises „Neue Wege in der Stadt" an den Titel der morgen hier in Stuttgart im Rathaus beginnenden Jahrestagung der Deutschen Akademie für Städtebau und Landesplanung „Die Stadt und das Auto" anknüpft, geht es doch darüber hinaus.

„Neue Wege in der Stadt" beinhaltet zum einen die Frage, wie es gelingen kann, den Verkehr wieder als ein dienendes Element stadtstrukturverträglich in seiner Abwicklung und auch in der gestalterischen Ausbildung des von ihm in Anspruch genommenen Raumes zu organisieren, und damit einen qualitätsvollen vielfältig nutzbaren öffentlichen Raum als zentrales Element der europäischen Stadt zurückzugewinnen. Zum anderen ist es aber auch im übertragenen Sinne zu verstehen. Welche Wege kann man gehen, um alle maßgeblichen Akteure und somit auch die BürgerInnen in die Planungsprozesse und deren Umsetzung einzubinden und ihnen Teilhabe zu ermöglichen. Es geht also auch darum, wie der öffentliche Raum für die Stadtbewohner wiedergewonnen und gesichert werden kann, sowohl hinsichtlich seiner Multifunktionalität und seiner Gestaltqualität als auch hinsichtlich seiner Aneignungsmöglichkeiten.

Die Privatisierung des öffentlichen Raumes findet nach wie vor täglich statt, und zwar nicht nur durch die auch in dieser Hinsicht vieldiskutierten Einkaufszentren. Denken wir nur an die fast wohnzimmerähnlichen Außengastronomien, die in vielen Städten in einem schleichenden Prozess öffentliche Flächen okkupieren, in sie geradezu hineinwuchern. Gleichzeitig verändern sich die Erdgeschosszonen der raumbegrenzenden Baulichkeiten als wichtige Schnittstelle zwischen Privatheit und Öffentlichkeit. Ihre Bedeutung für urbanes Leben kennen wir spätestens seit Jane Jacobs „Tod und Leben großer amerikanischer Städte". Der Rückgang von kleinteiligem Einzelhandel, der mit der weiteren Zunahme des Online-Handels noch stärker gefährdet ist, aber auch sonstiger Dienstleistungen und der Ersatz dieser Nutzungen zum Beispiel durch Autostellplätze und Lagerräume in den Gebäuden, die sich dadurch zum öffentlichen Raum abschotten, sind weitere Elemente der schleichenden Veränderung. Es gibt also zahlreiche Gründe, sich mit der Zukunft des öffentlichen Raumes und neuen Wegen in der Stadt zu beschäftigen. Einige Aspekte wollen wir heute Nachmittag durch den einleitenden Vortrag von Professor Hartmut Topp und nachfolgend in den beiden Podiumsgesprächen beleuchten.

Herr Topp, ich danke Ihnen sehr, dass Sie das Impulsreferat übernommen haben und auch an dem anschließenden Podium mitwirken. Ich danke den beiden Moderatoren der Podiumsrunden, Dr. Rena Wandel-Hoefer und Reiner Nagel, sowie den Podiumsteilnehmern und nenne pars pro toto Dr. Ilse Helbrecht, die keine Mühen gescheut hat, um ihre Teilnahme zu ermöglichen. Ein besonderer Dank gebührt Werner Durth für das schon traditionelle große Engagement sowohl bei der inhaltlichen und organisatorischen Vorbereitung dieser Veranstaltung als auch im Hinblick auf den Städtebaupreis. Frau Gaus und Herrn Haas von der Geschäftsstelle der Deutschen Akademie für Städtebau und Landesplanung haben ebenfalls wesentlich zum Zustandekommen des Symposiums und zur Durchführung des Preises bis hin zur heutigen Preisverleihung beigetragen. Dies gilt in besonderem Maße für die Wüstenrot Stiftung. Ohne sie könnte der Preis, der bedeutendste seiner Art im deutschsprachigen Raum, nicht verliehen werden. Ihnen, Herr Kurz und Ihnen, Herr Dr. Krämer, als Vertretern der Stiftung ganz herzlichen Dank. Darüber hinaus danke ich Ihnen aber auch dafür, dass sie sich persönlich so intensiv eingebracht haben. Das ist nicht selbstverständlich und dokumentiert Ihre Identifikation mit der Thematik in besonderer Weise.

Symposium
Neue Wege in der Stadt
Begrüßung

01 Philip Kurz im Weißen Saal des Neuen Schlosses

Philip Kurz
Geschäftsführer der Wüstenrot Stiftung

Herzlichen Dank, Martin zur Nedden, herzlich willkommen, meine Damen und Herren. Ich danke für die freundlichen Worte, möchte den Dank aber gleich weitergeben an die Menschen, die sich mit viel Zeit und Kraft dafür eingesetzt haben, dass der Preis und auch das heutige Symposium überhaupt möglich sind, allen voran Werner Durth, der den Preis seit vielen Jahren begleitet. Auch dem Team der Deutschen Akademie für Städtebau und Landesplanung, hier insbesondere Thomas Haas und Irene Gaus, gebührt Dank für ihr Engagement.

Die Wüstenrot Stiftung verfolgt ausschließlich und unmittelbar gemeinnützige Zwecke, einerseits durch die operative Arbeit in unseren Programmen für Denkmalpflege, für Wissenschaft und Forschung, für Kunst und Bildung, andererseits aber auch durch die Förderung herausragender Projekte anderer Institutionen, wie beispielsweise die Förderung des Deutschen Städtebaupreises, ausgelobt von der Deutschen Akademie für Städtebau und Landesplanung. Warum tun wir das? Unsere Arbeit hat das Ziel, kulturelles Erbe zu bewahren. Aber ebenso wollen wir herausfinden, wie man die Herausforderungen des demografischen Wandels am besten annehmen kann, vor allem in Bezug auf die Auswirkungen, die er auf die Wohn-, Arbeits-, Freizeit- und Mobilitätverhältnisse in den Städten und im ländlichen Raum hat. Wir wollen herausfinden, wie unsere gebaute Umwelt zum Wohl der Gesellschaft weiterentwickelt und verbessert werden kann. Wir fördern den Preis in diesem Jahr deshalb nun schon zum fünften Mal seit 2006. Es ist uns wichtig, dass damit nicht nur ein Preis vergeben wird, also mit großem Aufwand Leistungen und Ideen honoriert werden, sondern dass dadurch auch relevante Themen aufgenommen, Debatten angestoßen und geführt werden – jeweils zu einem bestimmten herausgehobenen Handlungsfeld. Dafür gibt es auch diesmal wieder den Sonderpreis und das Symposium, in diesem Jahr mit dem Thema der „integrativen und zukunftsweisenden Ansätze bei der Verknüpfung von weiterentwickelten Verkehrsarten mit neuen Raumqualitäten und Mobilitätssystemen" – griffiger gesagt: „Neue Wege in der Stadt".

Wir halten den Deutschen Städtebaupreis einschließlich des Sonderpreises für eine sehr nützliche Sache, schafft er doch einen fokussierten Überblick über aktuelle Beiträge zur Stadtkultur und Stadtbaukultur. Und dies in sehr unterschiedlichen, vielfältigen Dimensionen. Es geht dabei gerade nicht nur um Gestaltung, sondern vor allem um Nutzungsqualität und die Verbesserung auch der alltäglichen Lebensqualität durch Städtebau; um die Dimension des öffentlichen Raums und damit auch um die politische Dimension von Städtebau. Nun ist es im Städtebau schwierig, ein direkt beispielgebendes oder womöglich direkt übertragbares gebautes Ergebnis zu schaffen. Wesentlich sind die Herangehensweise und die Haltung aller Beteiligten und auch der Prozess, auf den sie sich bei der Verwirklichung von Planungen einlassen.

Wenn man aber etwas von – im wahrsten Sinne des Wortes – ausgezeichneten Projekten lernen und anderenorts fruchtbar machen will, dann brauchen wir eine abwägende, vergleichende und auch pragmatische Auseinandersetzung, an der viele Akteure beteiligt sind. Wir sind deshalb sehr froh, dass es außer dem Preis auch das heutige Symposium zum Thema des Sonderpreises gibt – und zudem die Ausstellungen und die Publikation, mit der ein weiter Kreis baukulturell interessierter Menschen erreicht werden soll, damit das gemeinsame Engagement auch über die fachlichen Grenzen hinaus wirken kann. Preis, Sonderpreis, Symposium, Ausstellung und Publikation sollen gutem Städtebau öffentliche Geltung verschaffen und mithelfen, Baukultur in Deutschland zu fördern – so wie es Ulrich Conrads im Sinn hatte, als er vor über dreißig Jahren diesen Preis initiierte.

Ich freue mich nun auf den Vortrag von Hartmut Topp und die anschließenden Podien und Diskussionen, und vorher noch ganz besonders auf den Auftakt, weil Werner Durth sich wieder bereit erklärt hat, in guter Tradition durch einen historischen Rückblick die Bedeutung des Themas des Sonderpreises zu würdigen und es damit auch historisch einzubinden.

Symposium
Neue Wege in der Stadt
Einführung

01 Klaus Bürgle, Traffic of the the Future, Perspektive 1959. Bildmotiv der Einladung zur Jahrestagung der DASL 2014 unter dem Motto „Stadt & Auto"

Werner Durth
Wissenschaftlicher Beirat zum Deutschen Städtebaupreis

Neue Wege in der Stadt
Wandlungen der Mobilitätskultur im 20. Jahrhundert

Vor einem Jahrzehnt wurde diese Reihe konzipiert, zum fünften Mal wird nun neben dem Deutschen Städtebaupreis auch ein Sonderpreis verliehen, verbunden mit einem Symposium und einer Publikation. Aber heute ist erstmals eine inhaltlich enge Verbindung des Sonderpreises mit dem Hauptthema der Jahrestagung gegeben: *Die Stadt und das Auto* ist Motto der Versammlung der DASL und Hintergrund der Suche nach neuen Wegen in der Stadt. Wie in den Jahren zuvor wird auch heute wieder eine reich illustrierte historische Kontextualisierung unseres Themas das Symposium eröffnen, diesmal aus gegebenem Anlass in einem Rückblick über ein Jahrhundert.

Im Sommer 1914 war das Jahrbuch des Deutschen Werkbunds ganz dem Verkehr gewidmet. Anschaulich wird darin ein aktueller Überblick über die Aufgaben und Probleme jener Zeit gegeben: Es war die Zeit der großen Straßendurchbrüche im Kern der Städte, die infolge des explosiven Wachstums in Jahrzehnten zuvor erforderlich wurden. Die durchgreifende Modernisierung der Technik und die rasante Beschleunigung des Verkehrs gaben der Stadtplanung neue Impulse und konfrontierten dabei zugleich die Stadtbürger mit einer epochalen neuen Erfahrung. „Wir empfinden einen anderen Rhythmus in unserer Zeit als in einer vergangenen", schrieb Peter Behrens: „Eine Eile hat sich unserer bemächtigt, die keine Muße gewährt. Wenn wir im überschnellen Gefährt durch die Straßen unserer Großstädte jagen, können wir nicht mehr die Einzelheiten gewahren." Behrens beschreibt die Erfahrung der Beschleunigung sämtlicher Lebensverhältnisse bis hin zur veränderten Wahrnehmung von Stadt. „Die einzelnen Gebäude sprechen nicht mehr für sich. Einer solchen Betrachtung der Außenwelt, die uns in jeder Lage bereits zur Gewohnheit geworden ist, kommt nur eine Architektur entgegen, die möglichst geschlossene, ruhige Flächen zeigt, die durch ihre Bündigkeit keine Hindernisse mehr bietet."[1]

Die Fragmentierung der Wahrnehmung, die Zersplitterung der Wirklichkeit im Rausch der Geschwindigkeit war in den Jahren zuvor schon das Thema der Künstler des Expressionismus, wie die Zeichnungen von Ludwig Meidner beispielhaft dokumentieren. Jetzt sollte dieser Zersplitterung durch eine beruhigende Gleichförmigkeit der Bauten im rhythmisch komponierten Stadt-Räumen begegnet werden, wie Behrens forderte. Die Städte wie die Menschen sollten dem neuen Tempo der Zeit angepasst werden.

Vermittelndes Element war das Automobil, dessen technische Schönheit den Architekten Vorbild sein sollte, das aber bei allem Tempo und Risiko des Verkehrs im Inneren Komfort und Behaglichkeit bieten konnte. In den Prospekten der Automobilindustrie wurde das Auto als rollendes Wohnzimmer präsentiert, in großformatigen Abbildungen zelebrierte das Jahrbuch des Deutschen Werkbunds 1914 die Eleganz der neuen Verkehrsmittel. Doch wir wissen, dass diese bald auch zu anderen Zwecken eingesetzt wurden.

02 Ludwig Meidner, Potsdamer Straße, Radierung, Berlin 1913

Symposium
Neue Wege in der Stadt
Einführung

03 Ludwig Hilberseimer, Entwurf einer Hochhausstadt, Publikation 1927

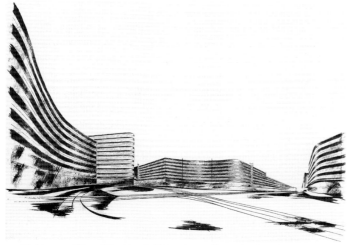
04 Hans und Wassili Luckhardt, Entwurf zum Alexanderplatz, Berlin 1929

05 Martin Wagner, Modell zur Neugestaltung des Potsdamer Platzes, 1929

Motorisierte Militärfahrzeuge aller Art und die neuesten Flugmaschinen für Luftangriffe gaben dem Weltkrieg ein bisher nicht vorstellbares Vernichtungspotential.

Der Erste Weltkrieg war die Urkatastrophe des 20. Jahrhunderts, beschleunigte aber die technische Entwicklung und die Logistik des Verkehrs. Nach dem Krieg explodierten die aufgeschobenen Träume, die Architekten und Planer räumten in ihren Fantasien weite Teile der Altstadt ab, um sie technisch und ästhetisch den neuen Verhältnissen einer kommenden Zeit anzupassen. Ludwig Hilberseimers Vision eines neuen Berlin demonstrierte 1925 im Bereich zwischen Gendarmenmarkt und der Straße Unter den Linden einen radikalen Funktionalismus im Städtebau, doch war sein Konzept zur vertikal durchmischten Idealstadt der Zukunft [2] bereits Reaktion auf Le Corbusiers *Ville contemporaine*. Dessen *Stadt der Gegenwart* für zwei Millionen Einwohner zeigte schon 1922 eine strikte Zonierung der städtischen Funktionen, deren Mitte ein Verkehrsknoten ist, mit Flugplatz über den Schnellstraßen. [3]

„Die Stadt der Geschwindigkeit ist die Stadt des Erfolgs" [4], so das Credo Le Corbusiers, Propagandist und Liebhaber schneller Automobile. Geradezu poetisch klang seine Hymne auf die neue Stadt, erlebt aus der Perspektive des Autofahrers. „Das sausende Auto folgt der Autobahn: entgegen der majestätischen Wolkenkratzerallee. Man kommt näher: Vervielfältigung von 24 Wolkenkratzern im Raum; links, rechts, im Hintergrund ihres Bereichs die Sitze der Behörden; den Raum abschließend die Hochschulen und die Museen. Plötzlich ist man am Fuße der ersten Wolkenkratzer. Zwischen sie schiebt sich nicht jener schmale Lichtspalt des erstickenden New York, sondern weiter Raum."

Die Ankunft im Zentrum: „Hier erhebt sich die menschenerfüllte CITY in Ruhe und reiner Luft. Das chaotische New York ist besiegt. Dies ist in lichter Sonne eine moderne Stadt. Das Auto hat den Damm und seine 100 Kilometer in der Stunde verlassen; sanft rollt es in die Wohnviertel ein." [5] 1925 präsentierte er seine moderne Stadt provokativ als Implantat im alten Paris, zwei Jahre später erschien das Buch von Hilberseimer zur Großstadtarchitektur.

06 Plakat Autobahnbau, um 1936   07 Plakat Volkswagen, um 1938   08, 09 „How should we rebuild London?", Publikation London 1945

Diese Zeit der 1920er Jahre war eine Zeit der aufgeschobenen Träume. Während in der jungen Demokratie der Weimarer Republik hunderttausende neuer Wohnungen entstanden, blieb die verkehrsgerechte Modernisierung der Zentren mangels verfügbarer Mittel aus. Weder Martin Wagners Verkehrskarussell am Potsdamer Platz noch Ludwig Mies van der Rohes Plan zur weiträumigen Neugestaltung des Alexander Platzes oder gar der schnittige Umbau nach Entwurf der Gebrüder Luckhardt wurden realisiert.[6] Ab 1930 wurden infolge der Weltwirtschaftskrise Baustellen stillgelegt, Projekte vertagt. Die Krisen in Politik und Wirtschaft spitzten sich zu, und bald jagte Adolf Hitler im „überschnellen Gefährt", in neuesten Autos – und schließlich im Flugzeug als Wahlkämpfer von Auftritt zu Auftritt, und gewann 1932 tatsächlich die Wahl.

Von der Mobilisierung der Massen für die *Schönheit der Technik* über die Propaganda zur Arbeitsbeschaffung durch den Bau der Reichsautobahn, die in romantischen Bildern als landschaftsbezogenes Gesamtkunstwerk präsentiert wurde, bis hin zu den Glücksversprechen grandioser Reiseerlebnisse im VW reichte die Kette der Konditionierungen, durch welche die *Volksgemeinschaft* nachhaltig auf ihre Auto-Mobilisierung vorbereitet wurde.[7] Das Auto blieb Symbol des Fortschritts, unabhängig vom Wechsel der politischen Systeme, nun aber nicht mehr im Sinne der egalitären Motorisierung gleichgeschalteter Massen, sondern als Medium individueller Lebensgestaltung: Freie Fahrt für freie Bürger!

Und wieder trieb der Krieg die Entwicklung voran. Die Zerstörung der Städte als Chance durchgreifender Modernisierung zu nutzen: Dies war das Motto jener Planer und Architekten, die Albert Speer, inzwischen Rüstungsminister, 1943 in seinem *Arbeitsstab Wiederaufbauplanung* versammelt hatte.[8] Doch dies galt nicht nur in Deutschland. Nach 1945 war dieser Gedanke international Konsens unter den Architekten und Planern in den von Kriegszerstörungen betroffenen Ländern Europas. „A great disaster, but a great opportunity!", hatte Winston Churchill nach den deutschen Luftangriffen auf England seinen Landsleuten zugerufen.[9]

Angesichts der verheerenden Zerstörung der Zentren wurden schon im Krieg, dann erst recht nach 1945 jene *Träume in Trümmern*[10] skizziert, die über den Ruinen neue Städte imaginierten. Vom Westen bis zum Osten, Norden und Süden Deutschlands entstanden angesichts des Grauens ringsum Visionen wie die für Dresden, wo Hanns Hopp, später prominenter Architekt der Stalinallee im Osten Berlins, anstelle der im Februar 1945 ausradierten Stadtmitte kreuzförmige Hochhäuser nach dem Vorbild des *Plan Voisin* entwarf, den Le Corbusier in spektakulärem Auftritt 1925 in Paris vorgestellt hatte.[11]

In Mainz sollte auf den Trümmern der zerstörten Stadt eine Parklandschaft mit Hochhäusern angelegt werden, mit Hochhausscheiben nach Art der Unité d'Habitation Le Corbusiers, in optimaler Verkehrserschließung lag das neue Zentrum an der Stadtautobahn, als Zubringer zum nahen

Symposium
Neue Wege in der Stadt
Einführung

10 Hanns Hopp, Das neue Dresden, Entwurf 1945

11 Section du Plan, Neue Mitte Mainz, Entwurf 1947

Airport.[12] Doch wieder blieben solche Pläne zunächst noch Papier. Während der Wiederaufbau im folgenden Jahrzehnt unter dem Leitbild der gegliederten und aufgelockerten Stadtlandschaft[13] zumeist noch auf die vorhandene Infrastruktur und die überkommenen Eigentumsgrenzen bezogen blieb, folgte dem Wirtschaftswunder und der zunehmenden Tertiärisierung der Zentren ein neuer Modernisierungsschub.

Im Jahr 1959, gerade zehn Jahre nach Gründung der Bundesrepublik, publizierte der Architekt und Stadtplaner Hans Bernhard Reichow sein rasch populäres Buch *Die autogerechte Stadt*, dessen Titel einer neuen Periode deutscher Stadtplanung im Zuge des so genannten Wirtschaftswunders das nächste Leitbild vorgeben sollte. Missionarisch verkündete Reichow in der Einleitung: „Seit Jahrtausenden hat der Verkehr sich noch nie so völlig verändert und so eindeutig einen neuen Stadtgrundriß verlangt wie heute. Eine Zeit, die die Einmaligkeit dieser Aufgabe verkennt, erweist sich ihrer schöpferischen Möglichkeiten unwürdig und verpaßt ihre große stadtbauliche Chance."[14]

Hinzu kam ein moralisches Argument. Durch Trennung der Verkehrsarten und die Vermeidung von Kreuzungen zugunsten weiträumig angelegter Kreisel sollte die Zahl der Verkehrstoten drastisch reduziert werden: „Wer schließlich verhindern will, daß wir allein in Deutschland alljährlich eine Kleinstadt von 12000 Einwohnern dem Verkehrstod opfern und eine Großstadt von 300000–400000 Einwohnern in ein einziges Lazarett für Verkehrsopfer verwandeln, wird an einer umfassenden Betrachtung des Verkehrsproblems nicht vorüberkommen. Dieses Buch eröffnet eine solche Schau."[15]

In biologisch begründeter Notwendigkeit wird der Planer gleichsam als Arzt tätig, als Garant des zivilisatorischen Fortschritts: „Die innerstädtischen Auto-Schnellstraßen, wie sie in vielen Großstädten zwingend geworden sind, stellen nur die großen ‚chirurgischen Eingriffe' in den Verkehrs-Organismus einer Stadt dar. Von ihnen ist aber keineswegs eine grundsätzliche und allgemeine Behebung der Verkehrsnöte zu erwarten, wie ja auch in der Medizin ein chirurgischer Eingriff kein organisches Leiden beheben kann. Im gleichen Sinne bedürfen unsere total kranken Stadtkörper einer umfassenden ‚psychosomatischen' Therapie."[16]

Angesichts der technischen Entwicklung in weiter fortgeschrittenen Ländern, insbesondere in den USA mit dem motorisierten *American Way of Life*, schien in Deutschland erheblicher Nachholbedarf gegeben. Zwanzig Jahre nach

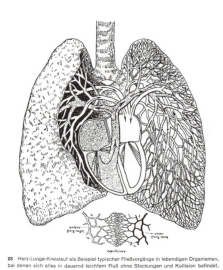 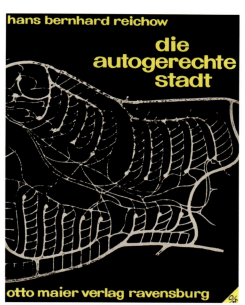 

12 Illustration zur autogerechten Stadt, 1959
13 Die autogerechte Stadt, Publikation 1959
14 Deutscher Städtetag, Publikation 1965

Kriegsende erschien 1965 eine Denkschrift des Deutschen Städtetags, in der Rudolf Hillebrecht von seiner Reise in die USA berichtete und durchgreifende Maßnahmen forderte.[17] Als beispielhaftes Projekt wird in dieser Broschüre der Österreichische Platz in Stuttgart vorgestellt, an dem die ehemals hufeneisenförmige Platzanlage des Tübinger Tors in ein mehrgeschossiges Verkehrsbauwerk verwandelt wurde. Ein anderes Beispiel ist die Innenstadt Düsseldorfs, mit Hochstraße und Verteiler, oben im Bild das Thyssen-Hochhaus, das als elegantes Dreischeibenhaus zum Symbolbau des Wirtschaftswunders wurde.

Im selben Jahr 1965 publizierte Alexander Mitscherlich seine Streitschrift *Die Unwirtlichkeit unserer Städte*, die er im Untertitel eine *Anstiftung zum Unfrieden* nannte.[18] Und tatsächlich wurde fünf Jahre später diese im Sachverständigenbericht des Städtetages dokumentierte Verkehrsanlage im Zentrum Düsseldorfs umcodiert zum Schreckbild missratener Stadtplanung. In großformatigen Tafeln wurde der Blick vom Thyssen-Hochhaus in einer Wanderausstellung präsentiert, die 1971 unter dem Titel *Profitopoli$* Anstoß gab zu einer kritischen Bilanz des Wiederaufbaus und zur Bildung von Bürgerinitiativen, in Protest gegen die angeblich unkontrollierte Expertenherrschaft der Technokraten in der Stadtplanung.[19]

Dieser Wechsel der Perspektive, in der bislang unbefragte Konzepte der Verkehrsplanung in ihren Folgewirkungen kritisiert und die Bürger zur Mitbestimmung aufgefordert wurden, leitete Anfang der 1970er Jahre einen Paradigmenwechsel in der Stadtplanung ein, der schließlich auch ökonomischen Motiven folgte. Denn: Die Zentren der Städte verloren ihre Attraktivität gegenüber den aufblühenden *Shopping Center* im Umland, die Unwirtlichkeit der Städte wurde unwirtschaftlich.[20] Um 1970 entstanden die ersten autofreien Fußgängerzonen – als Erlebnisraum und Bühne der Warenwelt; dabei wurden auch historische Bautypologien wie die Passage wiederentdeckt. Vor genau vierzig Jahren wurden solcher Wiederentdeckung der Qualität historischer Stadtstrukturen hier in Stuttgart bemerkenswerte Impulse gegeben.

Mit seinen Vorschlägen zur Rekonstruktion des mehrfach überformten Stadtraums nach historischem Vorbild hatte 1974 Rob Krier am Institut für Zeichnen und Modellieren der Universität Stuttgart Modelle zum Umbau der Stadt entwickelt, die er in einem reich illustrierten Band im Stuttgarter Karl Krämer Verlag publizierte: *Camillo Sitte zum Gedächtnis* – so die Widmung des Buchs, damals eine Provokation der planenden Profession.[21] Nach seinem Konzept sollte der Österreichische Platz wieder ein architektonisch

Symposium
Neue Wege in der Stadt
Einführung

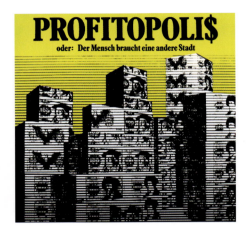

15 Profitopoli$, Wanderausstellung 1971

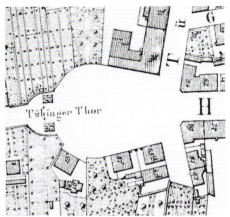

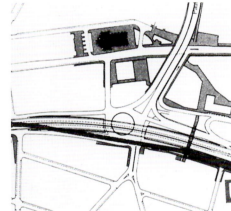

16 Rob Krier, Stadtraum Stuttgart, Publikation 1975

17 Behutsame Stadterneuerung, Plakat 1983

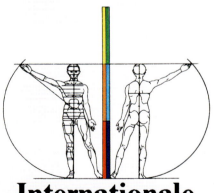

18 Signet der IBA Berlin, 1987

gefasster Raum und Aufenthaltsort für die Bürger werden – ein Beispiel nur, dem noch weitere folgten. In einer plakativen Typologie von Straßen und Plätzen entwickelte Krier eine Rezeptur, die er mit märchenhaften Skizzen zur Belebung von Straßen und Plätzen illustrierte, Symptome der Sehnsucht nach der entschleunigten Stadt des Flaneurs, um schließlich eine neue Stadtstruktur zu präsentieren, deren Raumbildungen exemplarisch auch auf andere Städte übertragbar sein sollten. Tatsächlich wird Krier zwei Jahre später mit seiner Vision einer Rekonstruktion der südlichen Friedrichstadt 1977 die Folie für die nun so genannte Kritische Rekonstruktion liefern, die im Rahmen der Internationalen Bauausstellung Berlin als Strategie der Stadterneuerung wirksam wurde.[22] Seine für den Stadtraum Stuttgart entwickelten Ideen konnte er nun in Berlin empirisch erproben. In wenigen Jahren entstand an der Ritterstraße ein erstes Leitprojekt der IBA nach diesem Konzept, mit einem nach Schinkel benannten Platz, umgeben von Bauten nach Art der damals aktuellen postmodernen Architektur.

Doch die Wiedergewinnung des Stadtraums und seine Aneignung durch die Bewohner war nicht nur eine Frage der Architektur. „Kaputte Stadt retten!" hieß auch: Behutsame Stadterneuerung unter Mitwirkung der Bewohner.[23] In zahlreichen Initiativen wurden Verkehrsräume in Aufenthaltsorte verwandelt, Maßnahmen zur Verkehrsberuhigung und Wohnumfeldverbesserung sollten die Dominanz des motorisierten Individualverkehrs brechen.

Mit der Vielfalt von Maßnahmen zur Reparatur der Städte wurden nun auch Fragen nach der Aneignung des öffentlichen Raums virulent, Fragen nach der Zugänglichkeit und Gleichzeitigkeit von Nutzungen unterschiedlicher Geschwindigkeit. Das Instrumentarium des Stadtumbaus differenzierte sich, musste nicht unbedingt dem alten Stadtgrundriss nach dem Schema von Straße, Block, Hof und Platz Folge leisten. So wurde zum Beispiel im ersten Städtebaupreis der neuen Folge 2006 die Neue Mitte Ulm ausgezeichnet, als gelungene Transformation einer Planung der Nachkriegszeit in einem System neuer Wege ohne Rückgriff auf historische Muster, wie der folgende Beitrag von Hartmut Topp zeigt.

[1] Peter Behrens, Einfluss von Zeit- und Raumausnutzung auf moderne Formentwicklung, in: Deutscher Werkbund (Hg.), Jahrbuch 1914, Jena 1914, S. 8

[2] Ludwig Hilberseimer, Groszstadtarchitektur, Stuttgart 1927

[3] Le Corbusier, Städtebau, Stuttgart 1929, Plan im Anhang

[4] A.a.O., S. 145

[5] A.a.O., S. 143 f.

[6] Siehe Ludovica Scarpa, Martin Wagner und Berlin. Architektur und Städtebau in der Weimarer Republik, Braunschweig/Wiesbaden 1986

[7] Siehe Werner Durth/Paul Sigel, Baukultur. Spiegel gesellschaftlichen Wandels, Berlin 2009, S. 294 ff.

[8] Werner Durth, Deutsche Architekten. Biographische Verflechtungen 1900–1970, Braunschweig/Wiesbaden 1986, S. 203 ff.

[9] Siehe Werner Durth/Niels Gutschow, Träume in Trümmern. Planungen zum Wiederaufbau zerstörter Städte im Westen Deutschlands 1940–1950, Band I Konzepte, Braunschweig/Wiesbaden 1988, S. 300 ff.

[10] Zu unterschiedlichen Beispielen des Wiederaufbaus siehe Durth/Gutschow 1988, Band II Städte

[11] Jürgen Paul, Dresden: Suche nach der verlorenen Mitte, in: Klaus von Beyme u.a. (Hg.), Neue Städte aus Ruinen. Deutscher Städtebau der Nachkriegszeit, München 1992, S. 316 f.

[12] Durth/Gutschow 1988, Band II Städte, S. 867 ff.

[13] Johannes Göderitz, Roland Rainer, Hubert Hoffmann, Die gegliederte und aufgelockerte Stadt, Tübingen 1957, siehe auch Hans Bernhard Reichow, Organische Stadtbaukunst. Von der Großstadt zur Stadtlandschaft, Braunschweig/Berlin/Wien 1948

[14] Hans Bernhard Reichow, Die autogerechte Stadt. Ein Weg aus dem Verkehrs-Chaos, Ravensburg 1959, S. 5

[15] Ebd.

[16] Ebd.

[17] Deutscher Städtetag (Hg.), Straßen für die Städte. Jetzt muß gehandelt werden!, Stuttgart/Köln 1965

[18] Alexander Mitscherlich, Die Unwirtlichkeit unserer Städte. Anstiftung zum Unfrieden, Frankfurt/Main 1969

[19] Josef Lehmbrock/Wend Fischer (Hg.), PROFITOPOLI$ oder: Der Mensch braucht eine andere Stadt, München 1971

[20] Siehe Werner Durth, Die Inszenierung der Alltagswelt. Zur Kritik der Stadtgestaltung. Bauwelt Fundamente, Band 47, Braunschweig/Wiesbaden 1977

[21] Rob Krier, Stadtraum in Theorie und Praxis, Stuttgart 1975

[22] Durth/Sigel 2009, S. 594 ff.

[23] A.a.O., S. 604 ff., dazu auch Helmut Holzapfel, Klaus Traube, Ullrich Otto, Wege zu einem ökologisch und sozial verträglichen Stadtverkehr, Karlsruhe 1985, Helmut Holzapfel, Urbanismus und Verkehr, Wiesbaden 2012. Zum internationalen Vergleich mit zahlreichen Fallbeispielen siehe die reich illustrierte Neuauflage von Jan Gehl, Städte für Menschen, Berlin 2015

Symposium
Neue Wege in der Stadt
Reparatur der autogerechten Stadt

Hartmut Topp

01

02 Roberto Matta, Ohne Titel, Gemälde um 1972

Reparatur der autogerechten Stadt
Perspektiven interdisziplinärer Kooperation

Die Stadt und das Auto: Die Geschichte dieser schwierigen Beziehung begann mit dem Start der Massenmotorisierung vor etwa 60 Jahren. Diese Beziehung war und ist noch immer eng, aber keinesfalls symbiotisch, sondern für die Stadt eher das Gegenteil. Der vom Auto begeisterte Mensch und das Auto dagegen bildeten zunächst eine – symbiotische? – Einheit, wie ein Gemälde von Roberto Matta emblematisch zeigt.

Das Auto veränderte den Lebensstil vieler Städter: Entfernung schrumpfte, Stadtflucht nach Suburbia und mit dem Auto zur Arbeit wieder in die Stadt. So entstanden starke Verkehrsströme als Belastung für die in der Stadt Gebliebenen. In der Folge wurden Hauptstraßen – ursprünglich gute Adressen mit anspruchsvoller Bebauung – verkehrstechnisch-fahrdynamisch überformt, in Hauptverkehrsstraßen verwandelt. Und die Spirale drehte sich weiter. Jede schnelle Verbindung zwischen Stadt und Umland hat zwei Enden: Am äußeren Ende entstanden erst Siedlungen, dann Einkaufszentren auf der grünen Wiese, Business- und Gewerbeparks sowie Freizeitanlagen. Die Stadt drohte auszubluten; aber – zum Glück – der Trend drehte sich vor mehr als fünf Jahren um, zum *Zurück in die Stadt.*

Das ungeliebte Erbe der autogerechten Stadt

Die autogerechte Stadt war der Titel eines durch das Bundesministerium für Wohnungsbau geförderten, 1959 erschienenen Buchs des Architekten und Stadtplaners Hans Bernhard Reichow: „Seit Jahrtausenden hat sich der Verkehr noch nie so völlig verändert und so eindeutig einen neuen Stadtgrundriss verlangt wie heute."[1] Die „neue Durchbruchstraße" in Ulm feierte Reichow als „sinnvolle Bezogenheit zwischen Verkehrsplanung und den historischen Baudenkmälern".[2] Mit der „optischen Erschließungs- und Gestaltungsmacht der neuen Verkehrsbahnen" sei ein neues, modernes Stadtbild gelungen. Er war überzeugt: „Letzten Endes werden die Struktur der autogerechten Stadt und ihre

03 Blick durch die neue Durchbruchstraße auf das Ulmer Münster, Abbildung in Reichow 1959

04 Ulm nach dem Wiederaufbau – Die neue Durchbruchstraße

05 Neue Mitte Ulm – Die Rückeroberung des Stadtraums

bewußte Wandlung zur Stadtlandschaft die wesentlichen Beiträge unseres Jahrhunderts zur Geschichte des Städtebaues sein."[3]

Stadt- und Verkehrsplanung passten die Stadt dem Auto an: Autoverkehr wurde auf Hauptverkehrsstraßen gebündelt, um die dazwischen liegenden Quartiere zu entlasten. Wegbereiter dieses *Bündelungsprinzips* war der Buchanan-Report *Traffic in Towns*: Für die Quartiersstraßen definierte er eine aus Randnutzungen und Aufenthalt abgeleitete *environmental capacity*; für die Hauptverkehrsstraßen dagegen galt die *verkehrstechnische Leistungsfähigkeit,* unabhängig von den nicht-verkehrlichen Nutzungen und den Randnutzungen einer Straße, und unabhängig davon, ob da Menschen wohnen, Kinder spielen, Spaziergänger ihre Wege suchen. Multifunktionale Hauptstraßen wurden monofunktionale Autoverkehrsstraßen, andere Straßen wurden auf- und durchgebrochen.[4] Solche Maßnahmen waren mental vorbereitet. Eine ganze Planergeneration hatte die Kriegszerstörungen als große stadtplanerische Chance begriffen, und auch Le Corbusier war ein prominenter Vertreter der Ideologie der autogerechten Stadt.[5] Die Profession der Stadt- und Verkehrsplaner schließlich übersetzte diese Ideen in den verkehrstechnischen Funktionalismus der 1960/70er Jahre. Die autogerechte Stadt war interdisziplinärer und gesellschaftlicher Konsens.

Die Ära der autogerechten Stadt hat uns ein langlebiges bauliches Erbe bar jeder Baukultur hinterlassen: Straßendurchbrüche wie in Pforzheim oder in Ulm, Hochstraßen wie in Düsseldorf oder in Ludwigshafen und Stadtplätze als Parkplätze oder Verkehrsverteiler.

„Ulm gibt es fast überall" – mal mehr, mal weniger, so in Berlin – Mühlendamm, Dresden – St. Petersburger Straße, Düsseldorf – Berliner Allee, Frankfurt am Main – Berliner Straße, Hamburg – Ost-West-Straße, Hannover – Cityring, Karlsruhe – Kriegsstraße, Köln – Nord-Süd-Fahrt, Saarbrücken – Saarufer-Autobahn A 620, Stuttgart – Konrad-Adenauer-Straße und mehr. Innerstädtische Hochstraßen haben immerhin noch etwa ein Dutzend deutscher Städte, wie Bielefeld, Bremen, Halle, Hannover, Ludwigshafen, Mainz, Mülheim/Ruhr, Siegen, Wetzlar oder sogar die Kleinstadt Lebach im Saarland.

Über Ulm ist viel geschrieben worden.[6] Deshalb wollte ich auf dieses Beispiel der gelungenen Reparatur eines Straßenraums eigentlich nicht mehr eingehen, doch dient der Vorher-Nachher-Vergleich immer noch als Referenz für ein bundesweit anerkanntes Modell dafür, wie der historische Stadtgrundriss den Rahmen für die städtebauliche Korrektur abgibt, und wie er mit anspruchsvoller zeitgenössischer Architektur gefüllt werden kann.

Symposium
Neue Wege in der Stadt
Reparatur der autogerechten Stadt

06 Berliner Straße in Frankfurt am Main,
Beipiel für den verkehrstechnischen Entwurf

07 Kalker Hauptstraße in Köln,
Beipiel für die städtebauliche Bemessung

Vom verkehrstechnischen Entwurf zu städtebaulicher Bemessung

Der interdisziplinäre Konsens zum Leitbild der autogerechten Stadt spiegelte sich in den Entwurfs- und Förderrichtlinien. So entsprach ein 1,50 m breiter Gehweg, wie in der vierspurigen Berliner Straße in Frankfurt am Main, den Mindestanforderungen. Fußgänger bekamen das, was der Autoverkehr übrig ließ, und Radfahrer gingen leer aus. Es hat lange gedauert, bis die Reparatur autogerechter Hauptverkehrsstraßen die Entwurfsrichtlinien erreichte.⁷ Vorreiter waren Freiraumplaner, Architekten, Stadtplaner und Verkehrsplaner im Arbeitsausschuss Straßenraumgestaltung der Forschungsgesellschaft für Straßen- und Verkehrswesen unter Leitung von Harald Heinz, der bereits in den 1990er Jahren die *Städtebauliche Bemessung* entwickelt hat.⁸ Das ist wirksamste und auch die sichtbarste Veränderung gegenüber dem am Auto orientierten *Verkehrstechnischen Entwurf*, wie am Beispiel der Berliner Straße in Frankfurt gezeigt werden kann. Die städtebauliche Bemessung ist – vom Rand her denkend – die Umkehrung des verkehrstechnischen Entwurfs der autogerechten Stadt. Diese Bemessung folgt einem anderen Prinzip: Der Straßenraum muss die Multifunktionalität der Hauptstraßen für Wohnen und andere Randnutzungen, für Aufenthalt, für Nahmobilität zu Fuß und mit dem Fahrrad, für die Erschließung, für ÖPNV und natürlich auch für den Autoverkehr widerspiegeln. Das geschieht durch entsprechende Flächenverteilung und ansprechende Gestaltung und Begrünung. Hierzu gibt die *Städtebauliche Bemessung* klare Hinweise: Breite Seitenräume für Fußgänger, Aufenthalt, Erschließung und Bepflanzung und als Pufferzonen zur Fahrbahn sind das A und O für die Stadtverträglichkeit von Hauptverkehrsstraßen. Genauso wichtig für ein friedliches Miteinander der verschiedenen Straßennutzer, und wichtiger als die Verkehrsmengen sind die Geschwindigkeiten. Tempo 30 auf Hauptverkehrsstraßen mit Wohnnutzung ist in vielen Städten in der Diskussion und in einigen bereits umgesetzt.⁹

Shared Space von Speyer bis London

Der Shared Space-Gedanke war bereits zentral bei der Verkehrsberuhigung der 1970/80er Jahre, obwohl der Begriff erst später in England und in den Niederlanden aufkam. Ein frühes Shared Space-Beispiel einer höher belasteten

08 Der Domplatz in Speyer vor der Neugestaltung

09 Der Domplatz als verkehrsberuhigter Bereich

10, 11, 12, 13 Der Domplatz in Speyer – sicheres und entspanntes Miteinander von Fußgängern und Autos

Verkehrsstraße gibt es in Speyer. Dort wurde 1990 – zum 2000-jährigen Stadtjubiläum – der Innenstadtverkehr neu geordnet. Der heute von rund 7.000 Kfz pro Tag befahrene Domplatz ist verkehrsberuhigter Bereich; den Auftakt dazu bildet ein Kreisverkehr als Mischfläche mit ca. 10.000 Kfz pro Tag. Das Miteinander der zum Dom orientierten, teils ortsfremden Fußgänger mit dem Autoverkehr funktioniert problemlos.

An der Einfahrt in die Weimarer Altstadt entlang der Rückseite des Deutschen Nationaltheaters wünscht man sich etwas anderes als eine auto-kanalisierte Kreuzung mit rund 16.000 Kfz pro Tag. Warum nicht ein „roter Teppich" als Begegnungszone wie am Zentralplatz in Biel, Schweiz, mit etwa 12.000 Kfz pro Tag, davon rund 1.000 Busse. In Biel sah es vorher ganz ähnlich aus wie in Weimar.

Die Gestaltqualität unserer Umgebung beeinflusst unser Verhalten. Verkehrsanlagen färben ab auf das Verkehrsverhalten: Nicht integrierte, hässlich-funktionalistische – wie in Weimar – fördern Stress und Aggression, städtebaulich integrierte, gut gestaltete – wie in Biel – entspannen. So hat die gestalterische Qualität der Verkehrsanlagen – zumindest indirekt – auch etwas mit Verkehrssicherheit zu tun.

Mit sechs Shared Space-Plätzen ist Duisburg von Umfang und Inhalt her besonders interessant: Neben dem bekannten Opernplatz im Stadtzentrum mit etwa 13.000 Kfz pro Tag sind es wichtige Plätze in Stadtteilzentren, unter anderen der Hamborner Altmarkt – ebenfalls mit ca. 13.000 Kfz pro Tag. In beiden Fällen wurden vierspurige Autostraßen zu zweispurigen verkehrsberuhigten Bereichen.

Der Umbau der Duisburger Plätze erfolgte im Rahmen eines Programms *Barrierefreie Plätze*.[10] Das führt zu der Frage nach der Bedeutung von „Schutzräumen" für schwächere Verkehrsteilnehmer – für Kinder, Alte und behinderte Menschen – und deren klarer Abgrenzung, zum Beispiel durch einen flachen Bordstein. Anders als in den durch Borde abgegrenzten Seitenräumen traditioneller Stadtstraßen gibt

Symposium
Neue Wege in der Stadt
Reparatur der autogerechten Stadt

14 Einfahrt in die Altstadt von Weimar   15 Hamborner Altmarkt in Duisburg vorher …   16 …und nachher: Der flache Bordstein

17 Die Londoner Museumsmeile Exhibition Road   18 Die Museumsmeile nach der Umgestaltung

es solche Schwellen in Shared Space-Bereichen häufig nicht. Für Alte wie für Kinder kann das nachteilig sein. Ein 3 cm hoher Bordstein gilt als barrierefreier Kompromiss für Rollstuhlfahrer und für blinde Menschen. Und schließlich leistet der Bordstein einen Beitrag zu Gliederung und Proportionalität des Straßenraums; er ist zudem das optische Fundament der angrenzenden Bebauung, markiert eine visuelle Grenze. Shared Space sollte zugunsten von „Schutzräumen" mit der städtebaulichen Bemessung kombiniert werden.

Die knapp 1 km lange Exhibition Road in London – mit berühmten Museen auf beiden Seiten – erhielt durch das von den Gehlinien der querenden Fußgänger inspirierte Rautenmuster eine „Identität mit fast ikonografischer Ausstrahlung".[11] Die Breite der Fahrbahn wurde auf etwa ein Drittel reduziert zu Gunsten breiterer Seitenräume und insbesondere für einen breiten Mehrzweckstreifen für Aufenthalt mit Bänken, Fahrradständern und stellenweise auch Senkrechtparken von Autos. Es gibt keine Borde, lediglich Entwässerungsrinnen, die gleichzeitig als Leitsystem dienen. 20 m hohe Lichtmasten markieren die Grenze zwischen Fahrbahn und Mehrzweckstreifen, und geben der Straße auch bei Nacht einen ganz eigenen Charakter.

In den bisher betrachteten Beispielen sind die Verkehrsbelastungen nach der Umgestaltung – mehr oder weniger – niedriger als vorher, sodass sich die Frage stellt, wo die Differenz bleibt, wohin der Verkehr möglicherweise ausweicht. Wir wissen seit langem aus vielen gut dokumentierten und immer wieder bestätigten Beispielen,[12] dass die

Differenz-Belastungen nicht eins zu eins in benachbarten Straßen auftauchen, sondern zu einem Teil großräumig, tageszeitlich oder modal auf andere Verkehrsmittel verlagert werden – oder gar nicht mehr stattfinden. In den Beispielen waren Verkehrsverlagerungen in benachbarte Straßen nirgendwo ein ernsthaftes Problem.

Der Pforzheimer Schlossberg ohne Schlossberg-Auffahrt

Pforzheim leidet auch heute noch unter dem autogerechten Wiederaufbau seiner Innenstadt. Ein Erbe dieser Zeit ist – neben vielen anderen – die Anfang der 1960er Jahre gebaute Schlossberg-Auffahrt. Die Schlosskirche ist die Keimzelle und mit dem Marktplatz die historische Mitte von Pforzheim. Die Schlossberg-Auffahrt in ihrer verkehrstechnischen Form dominiert; sie stört das städtebauliche Potenzial dieses topografisch, historisch und kulturell sensiblen Bereichs; sie ist ein Fremdkörper im Stadtgrundriss. In einem Werkstattverfahren zur baulichen Neuordnung der östlichen Innenstadt wurde die Schlossberg-Auffahrt 2012 grundsätzlich in Frage gestellt.[13]

Die Schlossberg-Auffahrt ist bisher Teil des Innenstadtrings mit einer Verkehrsbelastung von etwa 13.500 Kfz pro Werktag und rund 140 Bussen des regionalen ÖPNV. Der Verkehrsentwicklungsplan[14] definiert zur Entlastung der Innenstadt einen im Süden und Osten weiter gefassten Innenstadtring auf bestehenden Straßen, hält aber an der Schlossberg-Auffahrt als Teil des „Parkrings" für das Parkleitsystem fest. Die Aufgabe der Schlossberg-Auffahrt führt zwar zu höheren Verkehrsbelastungen auf Teilen des erweiterten Innenstadtrings. Diese sind jedoch an allen Knotenpunkten – bis auf einen – durch Anpassung der Signalsteuerung und Änderung der Spuraufteilung zu bewältigen; an einem kommt es in Spitzenzeiten zu – unkritischen – Verkehrsverlagerungen.[15] Während die Aufgabe der Schlossberg-Auffahrt für den MIV wenig kritisch erschien, gab es beim ÖPNV lange Diskussionen, weil die erforderlichen Linienverlegungen zu verlängerten Umlaufzeiten führen. Allerdings wird dadurch die ÖPNV-Erschließung der westlichen Innenstadt deutlich verbessert. Eine temporäre

19 Schlosskirche und Marktplatz als historische Mitte Pforzheims

20 Die historische Mitte Pforzheims mit neuer Schlossberg-Auffahrt

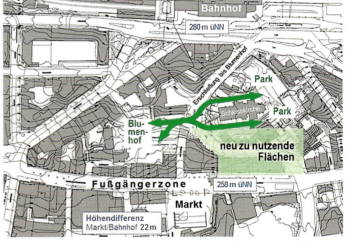

21 Potenziale für die Innenstadt-Entwicklung ohne Schlossberg-Auffahrt

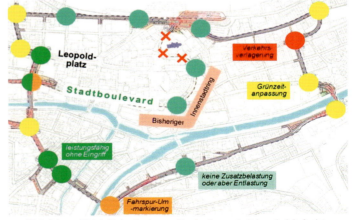

22 Leistungsfähigkeit der Knotenpunkte des Innenstadtrings bei Aufgabe der Schlossberg-Auffahrt

Symposium
Neue Wege in der Stadt
Reparatur der autogerechten Stadt

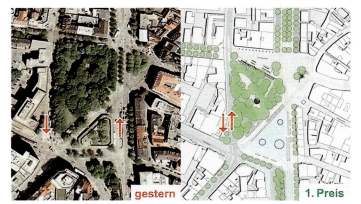

23 Augsburg-Boulevard am Königsplatz, Lageplan zum 1. Preis im Wettbewerb

24 Adenauerstraße in Augsburg als dreispurige Einbahnstraße, 2012

25 Adenauerstraße in Augsburg als Fußgängerzone mit Anliegerverkehr, 2014

Sperrung der Schlossberg-Auffahrt wegen einer Baustelle im Frühjahr 2013 hat gezeigt, dass es nicht zu den befürchteten „Sprungkosten" für zusätzliche Busse kommt.

Die Aufgabe der Schlossberg-Auffahrt eröffnet enorme Potenziale für die Neuordnung der östlichen Innenstadt durch große neu zu nutzende Flächen, Verbindung der Grünflächen und eine nur noch schmale verkehrsberuhigte Erschließungs-Stichstraße im oberen Bereich – entsprechend der historischen Situation. Anfang 2014 hat der Gemeinderat die Aufgabe der Schlossberg-Auffahrt mit breiter Mehrheit beschlossen.

Augsburg: Ein Wettbewerb als „Befreiungsschlag"

Die Stadt Augsburg hat das Instrument des Wettbewerbs eingesetzt, um für ihre Innenstadt ein „Konzept für Stadtraum und Mobilität" zu entwickeln.[16] Das war neu und mutig; das Experiment wurde ein Erfolg. Der städtebaulich-verkehrsplanerische Ideenwettbewerb war eingebunden in einen Planungsprozess, der von einer interdisziplinären Planungswerkstatt über einen Bürgerentscheid sowie den Wettbewerb selbst, einen Planungsbeirat und ein Dialogverfahren bis zum Bebauungsplan reichte.

Aus dem Gesamtkonzept des ersten Preises sei hier der 1.200 m lange, dem Verlauf der historischen Wallanlagen folgende „Augsburg-Boulevard" herausgegriffen. Der Boulevard tritt an die Stelle einer Hauptverkehrsstraße als Teil eines Einbahnstraßenpaars. Etwa in der Mitte, am Königsplatz mit der zentralen, von über 100.000 Fahrgästen pro Tag benutzten ÖPNV-Haltestelle, wird die Straße mit drei Fahrspuren und knapp 25.000 Kfz am Tag für den Autoverkehr unterbrochen. Für die Fußgängerachse zwischen Bahnhof und Altstadt und für die Benutzer der ÖPNV-Haltestelle entfällt damit eine starke Trennwirkung. Der Autoverkehr wird auf ÖPNV, auf Entlastungsstraßen am Innenstadtrand und auf die für den Gegenverkehr geöffnete Parallelstraße verlagert. Der Wettbewerb wirkte wie ein „Befreiungsschlag" dort, wo vorher dem Autoverkehr nicht einmal eine Fahrspur entzogen werden konnte.

Auch das Augsburger Beispiel weist den Weg zu mehr Baukultur im Verkehr – über interdisziplinäre Ansätze und mehr Wettbewerbe, auch und gerade dann, wenn scheinbar nur Verkehrsprobleme zu lösen sind. Über städtebauliche Wettbewerbe wird deren Einbindung in den urbanen Lebensraum erreicht. Das klingt selbstverständlich, ist aber wichtig, wenn man bedenkt, dass Verkehrsplanung sich im Zuge des verkehrstechnischen Funktionalismus stark verselbstständigt hatte. Im interdisziplinären Team hat man nicht gleich am Anfang die vermeintlichen Zwänge der Verkehrsbelastungen, die Richtlinienforderungen und Lobby-Interessen vor Augen, die sich in vielen Fällen im kreativen Entwurfsprozess von selbst erledigen. Der Sprung aus der Konvention eröffnet immer wieder Experimente und die Suche nach neuen Möglichkeiten für die jeweilige Aufgabe vor Ort.

Auch „ÖPNV-gerecht" kann zum Problem werden

Der Leopoldplatz in Pforzheim, der eigentlich eine breite Straße ist, dient als zentrale Haltestelle der Innenstadt mit 17 Buslinien und werktäglich rund 1.000 Bussen an acht Richtungs-Bussteigen. Die Bus-Haltestreifen sind ohne Unterbrechung durchgezogen, was zusammen mit der breiten, für Bus/Bus-Begegnungen ausgelegten Fahrgasse zur Dominanz der Busse und ihrer Infrastruktur im Straßenraum führt. Begründet wird diese ÖPNV-gerechte Gestaltung mit dem unabhängigen Ein- und Ausfahren der Busse. Das Ergebnis ist kaum besser als in den autogerechten Beispielen: Dominanz des ÖPNV und mangelnde Aufenthaltsqualität in zu schmalen Seitenräumen – und das in einer Fußgängerzone an diesem prominenten Ort der Stadt. Das legt die Frage nahe, ob der „politisch korrekte" ÖPNV heute das darf, was das Auto vor einem halben Jahrhundert noch fraglos durfte.[17]

Der Schlüssel zu einer flächensparsameren Lösung liegt im Verzicht auf das unabhängige Ein- und Ausfahren. Das heißt, die Busse fahren – ähnlich wie an einer Straßenbahn-Haltestelle – nach der *first in/first out*-Regel nacheinander in die Halteposition ein und nach dem Fahrgastwechsel in

26 Der Leopoldplatz Pforzheim, heutige Situation

27 Der Leopoldplatz Pforzheim, Neuordnung des Busverkehrs nach dem Prinzip Mönckebergstraße

28 Pforzheim, Busse fahren unabhängig ein und aus

29 Hamburg Mönckebergstraße, Busse fahren nach dem Prinzip *first in/first out*

Symposium
Neue Wege in der Stadt
Reparatur der autogerechten Stadt

30 Neue Mitte Ulm, Lageplan

31 Neue Mitte Ulm, Luftbild

32 Neue Mitte Ulm, Straßenräume

gleicher Reihenfolge wieder aus. Eine Halteposition von 50 m Länge kann so folgende Kombinationen von Bussen aufnehmen: 2 Gelenkbusse + 1 Solobus oder 1 Gelenkbus + 2 Solobusse oder 4 Solobusse. Nach dem Prinzip *first in/ first out* funktionieren beispielsweise auch die noch höher frequentierten Bus-Haltestellen in der räumlich mit dem Leopoldplatz vergleichbaren Mönckebergstraße in Hamburg. Dort ist die Fahrgasse zwischen den Haltepositionen nur 3,90 m breit; sie wird von Lieferfahrzeugen, Taxis und Notfall-Fahrzeugen nach Verständigung bei Geschwindigkeiten um 20 km/h in Richtung und Gegenrichtung befahren. Das funktioniert auch bei deutlich höheren Verkehrsbelastungen als in Pforzheim problemlos und entspannt. Die Übertragung des Prinzips Mönckebergstraße auf den Leopoldplatz mit breiteren Seitenräumen und mehr Aufenthaltsqualität würde diesen wichtigen Raum der Innenstadt sehr aufwerten.

Fazit: Stadtreparatur tut not!

Die programmatische Formulierung des Leitbilds der autogerechten Stadt erfolgte interdisziplinär und mit gesamtgesellschaftlicher Wirkung. Heute wissen wir: Es war ein Irrtum. Die Reparatur der autogerechten Stadt braucht die Anstrengungen und die Überzeugungskraft aller im Städtebau tätigen Disziplinen, der Stadtplanung, der Freiraumplanung und der Verkehrsplanung. Über Jahrzehnte hatte sich die Verkehrsplanung mit ihrem Zahlenwerk und den daraus abgeleiteten Zwängen zeitweise verselbstständigt.

Die Bundesvereinigung der Straßenbau- und Verkehrsingenieure beklagt „die einseitige Fokussierung auf technische Fragen und die verkehrsmodellgestützte Bewertung von Verkehrsprojekten. Das Entwerfen von qualitätsvollen Straßenräumen im Diskurs mit anderen Fachdisziplinen bleibt dabei oft auf der Strecke".[18] Aber das ändert sich, wie die Beispiele zeigen: Die Verkehrsplanung kehrt zurück in die interdisziplinäre Kooperation.

Die Beispiele lehren zudem noch zweierlei: Zum einen, dass jeder Fall anders ist und jeweils individuelle Ansätze erfordert; das Gemeinsame besteht allenfalls in der Rückbesinnung auf die vielfältigen Funktionen von Straßen und Plätzen als urbane Lebensräume und in einer mehr oder weniger ausgeprägten Erinnerung an den alten Stadtgrundriss. Zum anderen wird deutlich, dass die Reparatur der autogerechten Stadt kein Selbstläufer ist, sondern Anlässe braucht, die kommunalpolitisch „Fenster" öffnen: Das kann ein Sanierungsfall der Infrastruktur sein wie in Ludwigshafen, ein Bürgerentscheid wie in Ulm; es kann eine von der Kommunalpolitik initiierte städtebauliche und ökonomische Aufwertung der Innenstadt sein wie in Pforzheim oder ein städtebaulicher Wettbewerb wie in Augsburg. Die Beispiele stehen für unzählige andere Reparaturfälle, die ähnlich weit, noch in Diskussion oder noch gar nicht begonnen haben.

Die autogerechte Stadt war das städtebauliche und verkehrsplanerische Leitbild der 1950er und 1960er Jahre. Sie hat gut dreißig Jahre, also mehr als eine Generation überlebt. Wenn wir heute die autogerechte Stadt als Irrweg erkennen, sei noch einmal daran erinnert, dass sie damals professioneller und gesellschaftlicher Konsens war, zumal diese Idee internationalen Vorbildern folgte, die mit dem Traum vom *American Way of Life* verbunden waren. Diese Einsicht hindert uns aber nicht daran, die städtebauliche Reparatur der autogerechten Stadt als einen wichtigen Schlüssel zu mehr Urbanität und städtischer Lebensqualität konsequent voranzutreiben. Die Ergebnisse, die wir dabei erzielen, sollten sich allerdings auch nach drei Generationen noch sehen lassen können.

[1] Hans Bernhard Reichow, Die autogerechte Stadt. Ein Weg aus dem Verkehrs-Chaos, Ravensburg 1959, S. 5

[2] A.a.O., S. 86

[3] Ebd.

[4] Colin Buchanan u.a., Traffic in Towns. A Study of the Long Term Problems of Traffic in Urban Areas, London 1963

[5] Werner Durth/Niels Gutschow, Träume in Trümmern. Planungen zum Wiederaufbau zerstörter Städte im Westen Deutschlands 1940-1950, Band I Konzepte, Band II Städte, Braunschweig/Wiesbaden 1988, siehe auch Jörn Düwel/Niels Gutschow, „Ein seltsam glücklicher Augenblick". Zerstörung und Städtebau in Hamburg, Berlin

[6] Alexander Wetzig (Hg.), Neue Mitte Ulm. Die Rückeroberung des Stadtraumes in der Europäischen Stadt, Ulm 2012

[7] Forschungsgesellschaft für Straßen- und Verkehrswesen (FGSV), Richtlinien für die Anlage von Stadtstraßen – RASt 06, Köln 2007

[8] Harald Heinz, Städtebauliche Bemessung nach Kriterien der Sozialverträglichkeit. Tagungsband Deutscher Straßen- und Verkehrskongress 1999 in Leipzig. FGSV, Köln 2000

[9] Hartmut Topp, Tempo 30 auf Hauptverkehrsstraßen mit Wohnnutzung. Straßenverkehrstechnik (58), Nr. 1, 2014

[10] Stadt Duisburg (Hg.), Barrierefreie Plätze für Duisburg. Amt für Stadtentwicklung und Projektmanagement, Duisburg 2010

[11] Jesús Martín Hurtado/Dirk van Peijpe, Der Straßencocktail. Bauwelt 24.14

[12] Sally Cairns/Carmen Hass-Klau/Phil Goodwin, Traffic Impact of Highway Reductions: Assessment of the Evidence, London 1998

[13] topp.plan/R+T, Verkehrskonzept Innenstadt Pforzheim 2013. Kaiserslautern/Darmstadt, 2013

[14] Stadt Pforzheim (Hg.), Verkehrsentwicklungsplan. Dr. Brenner Ingenieurgesellschaft, Aalen 2010

[15] Siehe Anmerkung 13

[16] Stadt Augsburg (Hg.), Ideenwettbewerb Innenstadt Augsburg. Ergebnis. Schriftenreihe „Planen und Bauen" Nr. 49, 2009

[17] Hartmut Topp, Mobilität und Verkehr der urbanen Innenstadt. Dokumentation Workshop 2012 Innenstadtentwicklung Pforzheim. Konversionsgesellschaft Buckenberg mbH, Pflorzheim 2013

[18] Bundesvereinigung der Straßenbau- und Verkehrsingenieure. BSVI (Hg.), Straße und Baukultur. Weimarer Erklärung mit Faltposter „Straße und Baukultur" und Initiativkreis „Straße und Baukultur", Hannover 2011

Symposium
Neue Wege in der Stadt
Podium I

01 Podium I im Weißen Saal des Neuen Schlosses

Podium I

Reiner Nagel, Vorstandsvorsitzender Bundesstiftung Baukultur, Potsdam, im Gespräch mit:
Ilse Helbrecht, Geographisches Institut Humboldt-Universität, Berlin
Hille von Seggern, Architektin, Stadt- und Landschaftsplanerin, Hamburg
Peter Conradi, Architekt, MdB 1972–1998 und Präsident der
Bundesarchitektenkammer 1999–2004

Reiner Nagel: Herzlich willkommen zur ersten Nachmittagsdiskussion zum Thema „Neue Wege in der Stadt". Nach den Vorträgen von Werner Durth und Hartmut Topp ist dieses Podium eine Art Auftaktveranstaltung für die Jahrestagung unserer Akademie. Sie steht unter dem Motto „Stadt und Auto". Das heißt also, wir reden heute unter dem Titel „Neue Wege in der Stadt" auch über das Thema der Zukunft von Mobilität in der Stadt und damit über die Zukunft von Stadt ganz allgemein. Neue Wege – damit sind nicht nur physische Wege gemeint, sondern im übertragenen Sinne auch neue Wege zu einer menschengerechten Entwicklung unserer Städte. Wenn Sie sich an den letzten Kongress zur Nationalen Stadtentwicklungspolitik erinnern, war dort ein wichtiges Stichwort: Urbane Energien. Gemeint war damit freilich nicht nur die Energiewende allein, sondern vielmehr auch: Was setzt Stadtumbau, Wandel in der Stadt frei an Kompetenz und an Dynamik für Stadtentwicklung?

Auch darüber möchte ich gerne mit meinen Gästen reden. Ich freue mich, dass das Thema heute hier auf der Tagesordnung steht. Ich glaube, es ist extrem relevant. Wir haben mit dem Baukulturbericht in diesem Jahr in drei Werkstätten genau dieses Thema bearbeitet. Schwerpunkt war die Quartiersentwicklung – und in der Quartiersentwicklung der öffentliche Raum. Aber nicht nur der öffentliche Raum allein stand im Zentrum unserer Tagung, sondern der Wandel des öffentlichen Raums als Reaktion auf den Umbau der Infrastruktur, der gegenwärtig in allen Städten massiv betrieben wird, und im finanziellen Volumen viel größer ist als beispielsweise der Städtebau und die Städtebauförderung. Wir haben erkannt: In all diesen Bereichen ist die Prozessqualität entscheidend, damit am Schluss nachhaltige Ergebnisse erzielt werden können. Ich bin gespannt, ob diese Einsicht sich auch bei unserem Thema „Neue Wege zu einer guten Stadt" bestätigen wird und freue mich auf unser Gespräch.

Dazu begrüße ich Frau Professor Ilse Helbrecht. In Stuttgart geboren, aufgewachsen in Osnabrück, hat sie Geografie, Soziologie, Raumplanungs- und Verwaltungsrecht studiert und ist nun als Geografin mit dem Schwerpunkt Kultur- und Sozialgeografie tätig. Sie war zunächst viele Jahre an der Universität in Bremen, jetzt hat sie an der Humboldt-Universität zu Berlin eine Professur für Kultur- und Sozialgeografie, und seit diesem Jahr ist sie zudem Direktorin des Georg-Simmel-Zentrums für Metropolenforschung an der Humboldt-Universität, das sich ebenfalls mit Fragen nach der Zukunft der Städte beschäftigt.

Auch in Stuttgart geboren, sitzt neben Ilse Helbrecht Peter Conradi in unserer Runde. Er ist von den Sozialwissenschaften früh zur Architektur gewechselt und hat dann, wie ich auch, fünfzehn Semester – das konnte man damals noch guten Gewissens – Architektur studiert. Das Studium der Architektur ist ja in Wirklichkeit ein Erfahrungsstudium, und ich glaube, dass heute zu schnell studiert wird. Doch dies nur nebenbei. Er hat dann in der Hochbauverwaltung in Baden-Württemberg gearbeitet und wurde schließlich Leiter des staatlichen Hochbauamts Stuttgart I, bevor er in die Politik wechselte und für die SPD von 1972 bis 1998 im Bundestag für Themen der Stadtentwicklung und des Bauens zuständig war. Von 1999 bis 2004 war er zudem Präsident der Bundesarchitektenkammer. Seit 1959 ist er Mitglied der SPD.

Symposium
Neue Wege in der Stadt
Podium I

Hille von Seggern ist in Oldenburg geboren. Sie hat Architektur studiert in Braunschweig und in Darmstadt. Sie hat zum Thema „Wohnungsbezogene Freiräume in Großsiedlungen" promoviert, ein immer noch und immer wieder brandaktuelles Thema. Sie hat mit Timm Ohrt, der heute auch hier ist, das Büro Ohrt und von Seggern in Hamburg gegründet, ein Büro mit den Schwerpunkten Architektur, Städtebau und Stadtforschung. Dort war sie seit 1986 als Stadtplanerin mit Schwerpunkt Freiraumplanung tätig. Lange Jahre lehrte Hille von Seggern Freiraumplanung und urbane Entwicklung an der Leibniz-Universität Hannover, dort gründete sie das STUDIO URBANE LANDSCHAFTEN, Plattform und Netzwerk für Lehre, Forschung, Praxis für das Entwerfen urbaner Landschaften. In der Arbeit mit dem STUDIO und der Partnerschaft mit Timm Ohrt als „Alltag-Forschung-Kunst" liegen ihre derzeitigen Tätigkeitsschwerpunkte.

Beim Deutschen Städtebaupreis, dessen Symposium wir hier bestreiten, geht es ja vor allem um zukunftweisende Planungs- und Stadtbaukultur. Frau Helbrecht, Sie sind nah dran an diesen Fragen: Welche Zukunftsthemen diskutieren Sie gegenwärtig in Forschung und Wissenschaft?

Ilse Helbrecht: Aus sozialer und kultureller Perspektive diskutieren wir Tendenzen, die auch hier im Publikum alle kennen, die wir uns aber immer wieder wachrufen müssen, da sie wichtig und grundlegend sind: die in sich stets widersprüchlichen Entwicklungsbedingungen der Städte. Natürlich, wir haben einerseits wachsende Städte. Wir haben Re-Urbanisierung, die meisten großen Städte wachsen weiter. Aber sie wachsen unter den Bedingungen sozialer Polarisierung: Die Einkommensschere geht in allen westlichen Ländern auseinander, und das gilt besonders auch für die Bewohner der großen Städte. Wir werden bei der Stadtbaukultur der Zukunft mit diesem Thema der sozialen Polarisierung und der damit verbundenen kulturellen Spaltung weiterhin umgehen müssen.

Wir haben zweitens, aus kultureller Sicht ebenfalls ein wichtiges Thema, das wir schon lange kennen und das sich noch weiter zuspitzen wird, die Diversifizierung. Wir wissen: Unsere Städte werden bunter. Wir haben das bislang diskutiert unter ganz verschiedenen Aspekten, zum Beispiel im Blick auf ethnische oder religiöse Kulturen, die in ihrer Vielfalt in unseren Städten durch Zuwanderung noch zunehmen werden. Inzwischen gibt es in der akademischen Debatte den Begriff der *Superdiversität*, den man verwendet, wenn man meint: Es ist heute nicht mehr leicht, bestimmte einzelne Gruppen klar zu identifizieren, etwa Menschen mit türkischem Migrationshintergrund oder mit diesem oder jenem Hintergrund.

Es wächst permanent, stündlich, täglich die kulturelle Komplexität in den Städten. Das heißt, es kommt zu einem sozialen Auseinanderdriften in einer gleichzeitig von der Bevölkerungszusammensetzung her immer komplexer, immer diverser werdenden Stadtbevölkerung. Diese Vielfalt ist einerseits ein unglaublicher Schatz, ein wertvolles Gut und ein Potential für die Zukunft, das wir haben, gleichzeitig aber auch eine riesige Herausforderung für die uralte Aufgabe von Städten, die auseinander treibenden Kräfte immer wieder produktiv zu verbinden.

Städte waren immer Integrationsmaschinen der Gesellschaft. Und das müssen sie heute unter den Bedingungen von noch mehr Zuwanderung, noch mehr Globalisierung, noch mehr Internationalisierung, leider auch noch mehr gewalttätigen Konflikten, weiter sein und bleiben. Ich glaube, in diesem Sinne ist es Gold wert, wenn das Auto an Bedeutung verliert und der öffentliche Raum der Stadt wieder vermehrt für die unterschiedlichsten sozialen und kulturellen Nutzungen zur Verfügung steht, wie in den vorherigen Beiträgen von Werner Durth und Hartmut Topp erläutert wurde. Ja, das Auto verliert an Bedeutung. Für die junge Generation ist das Automobil kein wirklich relevantes Statussymbol mehr; da geht es um anderes. Die Freiräume, die jetzt möglich werden, die öffentlichen Freiräume, die möglich werden durch das Zurückdrängen des Autos, sind jetzt so zu bearbeiten, städtebaulich, gesellschaftlich, stadtplanerisch so zu bespielen, dass sie diesen wachsenden Forderungen nach Integration einer komplexen, aber auch sozial gespaltenen Stadtgesellschaft gerecht werden können: Solch eine Gestaltung der Stadt ist eine der Riesenaufgaben der Zukunft. Eigentlich schon der Gegenwart.

02 Podium I mit Ilse Helbrecht, Peter Conradi, Hille von Seggern und Reiner Nagel

Reiner Nagel: Ist das wirklich so, Herr Conradi? Die gesellschaftliche Relevanz des Autos nimmt ab? Im Moment sind ja diese Carsharing-Dienste unterwegs, wo man mit schönen BMWs fahren kann – natürlich in der Hoffnung von BMW, dass alle sich mal dieses Auto kaufen und es nicht nur zu subventionierten Preisen teilen. In Stuttgart ist das Auto ja nicht ganz unwichtig. Sie beobachten das seit vielen Jahren. Was bewirkt dieser prognostizierte Rückgang von Automobilität für den öffentlichen Raum, für die Infrastruktur? Haben Sie aus Ihrer Sicht – Demokratie als Bauherr im öffentlichen Raum – eine Einschätzung? Gibt es Chancen oder machen wir möglicherweise auch wieder schwere Fehler?

Peter Conradi: Ich werde hier nichts zu Stuttgart 21 sagen; dafür bitte ich um Verständnis. Stuttgart 21 ist auch kein neuer Weg. Stuttgart ist eine Autostadt. Wenn zu uns jemand käme und würde nach neuen Wegen fragen, dann würden wir wahrscheinlich antworten: Neue Straßen. Hier wird jedenfalls jetzt noch ein großer Straßentunnel gebaut, der tausende Autos zusätzlich in die Stadt bringen wird. Wir sind da weit hinter dem zurück, was Hartmut Topp uns aus anderen Städten gezeigt hat; ich würde sagen: mindestens zehn Jahre. Aber es ändert sich, und der neue grüne Oberbürgermeister Fritz Kuhn hat angekündigt, er wolle den Autoverkehr in Stuttgart um 20 Prozent reduzieren. Wenn er das schafft, wäre das eine tolle Leistung. Allerdings muss er dann im Rat dazu auch die Mehrheiten finden, und dort sitzen noch viele Freunde des normalen Kraftverkehrs.

Aber etwas ändert sich schon in der Nutzung der Autos, etwa durch Car-Sharing; dann gibt es bei uns Elektro-Smarts, die man benutzen und wieder stehen lassen kann, und die besondere Vorrechte haben. Da merke ich, wie sich von der Nutzerseite her doch einiges ändert.

Eine andere Sache ist die Frage der Bebauung frei werdender Flächen. Wir haben Konversionsflächen, also frühere Bahnflächen, Militärflächen. Wie sollen die bebaut werden? Das wird eine Diskussion geben, die bis hin zu der Frage geht: Brauchen wir weiterhin eine Stellplatzverpflichtung? Wenn ich höre, dass man in Berlin und Hamburg die Stellplatzverpflichtung abschafft, bin ich begeistert. Das würde hier in Stuttgart wahrscheinlich einer Revolution gleichkommen. Aber ich denke, in zehn Jahren sind auch wir so weit. Doch so etwas muss man, wenn man an den Bau neuer Viertel geht, auch bedenken: Braucht man wirklich für

Symposium
Neue Wege in der Stadt
Podium I

03 Schnellstraße in der Innenstadt, Stuttgart 2014

04 Baustelle Hauptbahnhof, vorne die Schnellstraße, Stuttgart 2014

jede Wohnung, für jeden Arbeitsplatz einen Stellplatz? Wenn man das nicht mehr braucht, hat man erhebliche Spielräume für öffentliche Räume, für Gärten, für viele andere Arten von Nutzung.

Reiner Nagel: Das ist richtig. Ich hatte selbst einen Kulturschock, als ich von Hamburg, wo es eine Stellplatzverpflichtung mit einer Ablösesumme gibt für Stadtteilgaragen, nach Berlin kam, wo es damals schon vor zehn Jahren keine Stellplatzverpflichtung gab. Da geht das Bauen genauso leicht, ist sogar einfacher und billiger, und es gibt keine Probleme im öffentlichen Raum. Der wird freilich auch bewirtschaftet. Aber diese Regelung führt dazu, dass systematisch die Kraftfahrzeuganzahl pro 1000 Einwohner abnimmt. Im Moment ist Berlin unter 400 Kraftfahrzeugen pro 1000 Einwohner, was ja erstaunlich ist für eine so große Stadt. Es gibt andererseits aber Probleme mit der Stellplatzverpflichtung für zwei Fahrräder pro Person. Das bedeutet für eine Familie acht Fahrräder, überdacht. Das ist auch nicht so ganz einfach.

Hille von Seggern, Sie haben in Ihrer Tätigkeit ja nicht nur mit Architektur und Städtebau zu tun, sondern auch mit Stadtforschung. Das machen Sie mit Ihrem Partner seit 1982, also seit 32 Jahren. Kann man aus der Vergangenheit mit Blick auf heute sagen: Da ist etwas zum Besseren geworden, zum Beispiel bei den öffentlichen Räume der Stadt? Und gibt es Probleme, die sich nicht verbessert haben, die immer noch große Aufgaben darstellen? Woran forschen Sie aktuell?

Hille von Seggern: Ich finde erstmal die Frage ganz schön: Was hat sich denn eigentlich verändert? Wir haben schon vor vierzig Jahren angefangen, über Verkehrsberuhigung zu arbeiten; das war damals schon mal ein Hype. Jetzt muss man fragen: Was ist heute neu? Was hat sich wirklich geändert? Und was kann sich künftig ändern? Da sehe ich in der Tat, dass sich vor allem in der Weise, wie wir arbeiten und an den Bedingungen schon einiges getan hat. Die jungen Leute sehen das nicht mehr so verbissen, das mit dem Auto: Es ist nicht mehr das Wichtigste, nicht mehr so relevant für den Lebensstil. Es gibt Car-Sharing. Es gibt Elektromobilität. Es gibt einen besseren ÖPNV. Die Umweltprobleme drängen indessen noch mehr, werden der Öffentlichkeit immer bewusster.

Ich nehme wahr, dass sich vor allem zwei Dinge verändern, die ich wichtig finde. Wir haben damals gesagt: Eigentlich müsste man Tempo 30 stadtweit machen und nicht nur in einzelnen Straßen, und auch nicht die Hauptverkehrsstraßen ausklammern. Das war damals so, und das ist damals gescheitert. Es kamen dann diese hübschen Wohnstraßen heraus. Inzwischen hat sich da ziemlich viel getan, man denkt großräumiger. Die zweite Erinnerung ist: Es gab einen Modellversuch – „Reallabor" würde man heute sagen – in Hamburg-Altona, den Modellversuch *Kinder in der inneren Stadt*. Dieser Versuch zielte auf eine integrierte Verkehrsberuhigung, Umfeldverbesserung und ästhetische Verbesserung eines gesamten Stadtteils, einschließlich der Straßenräume der Hauptverkehrsstraßen am Rande. Das war herausragend. Es wurde nur kein Modell, obwohl es eine intensive Beteiligung gab, und zwar vor Ort und von Bezirk und Land, eine interdiszipilnäre Bearbeitung, eine beratende wissenschaftliche Begleitung – also ein Projekt nach allen Regeln der Kunst, in dem der öffentliche Raum eines gesamten Stadtteils umgebaut wurde. Ein Schild, das überall an den Straßen hing, kündigte sechs Jahre lang vom verkehrsberuhigten Umbau des öffentlichen Raums im besonderen Interesse von Kindern.

Was ist daraus heute geworden? Heute gibt es wieder den Mut, erneut den Mut, großräumig anzusetzen und neue Wege zu beschreiten. Ich würde gerne ein Beispiel aus Stuttgart nehmen, denn Stuttgart ist ja nicht nur Autostadt, sondern in Stuttgart wird es, da bin ich ziemlich sicher, demnächst ein *Future City Lab Stuttgart* geben, ein Reallabor für nachhaltige Mobilitätskultur. Anmerkung: Inzwischen ist das Reallabor von der Landesregierung ausgewählt worden und läuft. Klingt doch super! Das heißt konkret, die Universität Stuttgart will transdisziplinär mit vielen verschiedenen Institutionen, in Kooperation mit der Stadt und mit der Bevölkerung in diesem Reallabor erreichen, dass hier in Stuttgart eine nachhaltige Mobilitätskultur entsteht. Das ist ein sehr ambitioniertes Unterfangen, über das man lange reden könnte. Aber da sehe ich einen neuen Mut, ganzheitlich und interdisziplinär an die Probleme heranzugehen.

Ich sehe einen zweiten Punkt, den ich wichtig finde: Was sind eigentlich neue Wege? In vielen Städten gibt es zum Beispiel Landschaftsachsen. Oft sind die überhaupt nicht zu bemerken, im Stadtbild nicht zu erkennen. Menschen kommen da auch nicht vor. Aber sie sind wichtig. Es gibt Tiere, es gibt Luft. Wir wissen, wofür das alles gut ist. Warum kann nicht so eine Landschaftsachse beispielhaft ein neuer Weg werden, auf dem man neue Aspekte von Freizeit, Spiel, Spaß erkunden kann und gleichzeitig weiß: Ich fahre zur Arbeit mit dem Fahrrad, ich fahre E-Bike und habe auch noch viele andere witzige Möglichkeiten, mich vorwärts zu bewegen. Ich komme über eine komplizierte Straßenkreuzung wie ein Bergsteiger über einen schwierigen Gipfel – und ich merke: Ich habe daneben auch einen Wanderweg in der Stadt. Ich glaube, dass man einen experimentellen Ansatz machen könnte, der die skizzierten Erfahrungen ermuntert, um das Thema Verkehr, das sich gerade radikal ändert und sich auch großräumig ändern muss, mal in einer anderen Weise zu inszenieren. Und dann mit solchen Ideen auch gleichzeitig an die schwierigen großen Straßen gehen.

Reiner Nagel: Ja, das Thema der Mobilitätswende sollte auch im Alltag stärker erkennbar werden, etwa durch ein System neuer Radwege. Man könnte zum Beispiel einen Korridor durch die Stadt anlegen, eine Fahrradautobahn, auf der man verlässlich fahren kann. Ich glaube, das würden Sie, Frau Helbrecht, wunderbar finden. Wir hatten nämlich vor kurzem einen gemeinsamen Termin in Berlin. Ich war am Askanischen Platz bei der Bundesarchitektenkammer, und Sie kamen aus Adlershof von der Humboldt-Universität mit dem Fahrrad. Warum fahren Sie so weite Strecken mit dem Rad?

Ilse Helbrecht: Weil ich Bewegung brauche, Fitness-Studios hasse und lieber meine 13 km mit dem Rad zur Arbeit fahre – freilich nicht jedes Mal. Ich fahre auch öfter mit dem Auto. Das gebe ich zu, bei dem Berliner S-Bahn-Chaos…

Reiner Nagel: Ich fahre auch kombiniert: mit dem Fahrrad, dann S-Bahn, dann wieder Fahrrad. Da passiert ja allerhand. Wie empfinden Sie denn, was Stadt mit den Verkehrsteilnehmern macht? Wie ist das unter sozialen Gesichtspunkten oder auch kulturell zu sehen?

Ilse Helbrecht: Jeder, der reist, weiß, dass Verkehr nichts international Gleiches ist, sondern dass es ganz verschiedene Verkehrskulturen gibt. Wer einmal in Indien auf der Straße unterwegs war, der weiß, dass das Leben dort mit einer Straßenverkehrsordnung, wie wir sie in Deutschland haben,

Symposium
Neue Wege in der Stadt
Podium I

nichts zu tun hat. Ich finde, dass das Verkehrsverhalten der Bürgerinnen und Bürger, also von uns allen, schon auch ein Spiegel unserer Gesellschaft, Ausdruck unserer Kultur ist. Ich nehme wahr, dass wir einerseits immer noch sehr ordnungsbezogen sind und unglaublich auf unsere Rechte im Straßenverkehr pochen. Gleichzeitig ist in Berlin, wo die Unfallquote am höchsten ist, ein relativ aggressives Verhalten zu beobachten, weil viele Menschen, Radfahrer wie Autofahrer gleichermaßen, ihre Aggressionen im Straßenverkehr mit ihren Instrumenten ausleben. Ich finde es nicht ungefährlich, in Berlin unterwegs zu sein: Hier werden allzu häufig sogar Fußgänger totgefahren, vor allem ältere Menschen.

Reiner Nagel: Unter Aspekten der Rücksichtnahme ist das problematisch. Kann man das durch Maßnahmen zur Gestaltung von Verkehrswegen räumlich steuern, dass mehr Rücksicht genommen wird?

Hille von Seggern: Wir haben ja ein paar Beispiele im Vortrag von Hartmut Topp gesehen. Es spielt eine Rolle, wie Verkehrsräume gestaltet sind. Die Schönheit spielt eine Rolle, aber auch die komplexe Funktionalität. Eine gewisse Verunsicherung durch die Gleichzeitigkeit verschiedener Nutzungen ist manchmal gar nicht das Schlechteste. Es gibt aber auch andere Beispiele, etwa in Hamburg-Ottensen. Das ist ein Stadtteil: innerstädtisch dicht, in jeder Hinsicht gemischt, viel Verkehr. Dennoch darf man nicht schneller als maximal 30 km/h fahren. Da weiß jeder Autofahrer, dass eigentlich die Fahrradfahrer und die Fußgänger Vorrang haben. Ich finde, dass es dort verhältnismäßig gewaltlos zugeht. Das ist für mich immer wieder ein Phänomen. Ich glaube, das hat etwas mit dem Lebendigen, der Enge, dem kulturell Gemischten und dem Schönen zu tun. Es gibt diese Orte mit einer langen Tradition im Zusammenleben unterschiedlicher Gruppen. Da kann man beobachten, wie man sich in wechselnden Situationen miteinander arrangiert. Aber ich gebe zu: Es sind Ausnahmen.

Peter Conradi: Der Ausbau, die Form der Straße hat viel mit der Geschwindigkeit zu tun. Stuttgart versucht jetzt – was ich gut finde – den Verkehr auf den Ausfallstraßen auf 40 km/h zu beschränken, in einigen Wohngebieten sogar auf 30 km/h. Aber diese Ausfallstraßen sind so gebaut, dass man nachts 70 bis 80 km/h fahren kann; die haben so wunderbar bequeme Kurvenquerschnitte. Da wird auch tagsüber noch viel zu schnell gefahren. Es wird also ein mühsamer Prozess sein, auf einer Straße, auf der man schnell fahren könnte, die Autofahrer dazu zu kriegen, nur noch 40 zu fahren. Tatsächlich schafft die Straße ja auch mehr Autos bei geringerer Geschwindigkeit. Das ist ja eine alte Sache: Wenn die Geschwindigkeit geringer ist, können mehr Autos fahren. Dann haben wir *Shared Space*, ein kleiner Versuch, der bei uns erstmal nicht so richtig geklappt hat, weil die Menschen das nicht gewohnt sind. Aber das muss man weitertreiben. Das ist auch ein Lernprozess einer Öffentlichkeit, die noch üben muss in jeder Situation miteinander friedlich umzugehen.

Reiner Nagel: Die Themen sind bisher ja sehr kommunal bezogen, entschieden wird auf städtischer Ebene. Es gibt auf der Metaebene noch andere Diskussionen – so nehme ich das wahr. Die eine kommt von den Automobilherstellern unter dem Motto *Future award, Zukunft von Mobilität in der Stadt*. Auf der Bundesebene hingegen gibt es eher die Themen Energiewende und Elektromobilität, Plattform Elektromobilität. Gibt es auf Bundesebene eine Diskussion, die dieses Thema öffentlicher Raum und Mobilität zusammenführt oder ist das nur auf der kommunalen Ebene möglich?

Peter Conradi: Soweit ich das verfolge, ist das im Wesentlichen kommunal. Die Energiewende, die eigentlich ein Gemeinschaftswerk werden sollte und in der ganzen Bevölkerung, in allen Städten diskutiert werden sollte, ist leider in den Fachkreisen versackt, etwa im Streit mit den Braunkohle-Kraftwerken. Doch allmählich kommt jetzt in einigen Städten auch die Frage auf: Was hat die Energiewende nicht nur mit dem Verkehr, sondern auch mit Bauweisen und Verhaltensweisen zu tun? Die Verkehrsfrage selbst, so mein Eindruck, ist eine Sache, die lokal nach den je lokalen Gegebenheiten diskutiert wird. Wir haben es hier ja vor Augen: Stuttgart ist einfach anders als Frankfurt oder München – allein von der Topographie her.

05 Ilse Helbrecht   06 Hille von Seggern und Reiner Nagel   07 Peter Conradi und Reiner Nagel

Reiner Nagel: Aber unabhängig von solchen lokalen Besonderheiten haben wir doch die Tendenz zu großem Privatbesitz auf Straßen, was man ja auch flächenmäßig bewerten kann. Wenn der Innenraum eines Autos 1,50 breit und 2,50 m lang ist, dann sind das schon 4 qm Privatgrund auf öffentlicher Fläche. Das kostet in großen Städten viel Geld; und das habe ich dann *by the way*. Wenn auch diese Fläche wieder zurückgewonnen wird, gibt es Platz. Aber dann ist vielleicht auch die Mobilität eine andere, nicht mehr so flächenfressend und individualisiert durch das Auto, sondern raumsparend flexibel individualisiert durch Fahrrad oder zu Fuß. Also eigentlich eine aussichtsreiche Perspektive, oder?

Hille von Seggern: Ich glaube auch, dass es sinnvoll wäre, mutiger in experimenteller Hinsicht zu sein. Wir haben es ja bei den Beispielen gesehen, was für ein mühseliger Prozess es ist, bis eine Stadtstraße einmal umgebaut worden ist. Wer das als Planer jemals gemacht hat, weiß das. Ich wünschte mir, dass man den vorhin gezeigten „roten Teppich" einmal provisorisch auslegt, oder dass man sagt: Wir schließen mal eine Straße versuchsweise an den Wochenenden. Oder: Wir legen einmal dieses Profil provisorisch fest, weil wir meinen, das es ausreicht, und machen das einfach eine Weile, weil es sonst in der langfristigen Umsetzung Straße für Straße ewig dauern würde.

Reiner Nagel: Das ist ein wichtiges Thema: der mühsame Weg. Warum ist das eigentlich so mühsam? Herr Topp ist seit vierzig Jahren am Kämpfen, und mir fallen weitere Mitkämpfer ein: Gisela Stete, Wolfgang Haller, Konrad Rotfuchs und einige mehr. Es ist immer wieder eine Reihe von Verkehrsplanern, die einem einfallen, die diese Themen der Stadtentwicklung und der Verkehrsplanung zusammendenken. Der Bund deutscher Straßenverkehrsingenieure aber hat 18.000 Mitglieder. Das ist eine große Einheit, die übrigens fachlich sehr gut ist, unbestritten: Durch sie müsste man diesen mühsamen Weg doch etwas gängig machen können.

Hille von Seggern: Wenn ich auf diesen alten Modellversuch, dieses damalige Reallabor Hamburg-Altona Altstadt zurückblicke, lag dort das Mühselige darin, dass man im Straßenraum immer sehr schnell verschiedene Zuständigkeiten hatte. Man wollte gern und mit Engagement eine integrierte Planung machen, hatte aber stets mit traditionell getrennten Zuständigkeiten zu tun. Was ich als äußerst mühsam in Erinnerung habe, ist: Dieses Planungsgebiet wurde auf der Maßnahmenebene, also bei der Umsetzung, in lauter kleine Einzelmaßnahmen zerhackt. Das heißt, jede einzelne Maßnahme war dann ein Bauvorhaben für sich. Das muss man natürlich nicht so machen, aber dieses Vorgehen entspricht der Alltagspraxis in den Ämtern.

Ilse Helbrecht: Ich bin ja keine Planerin, bin nur Geografin, auch keine wirkliche Verkehrsexpertin. Mir wäre wichtig, beim Blick auf Verkehrsplanung in Städten die Einbettung der Fachplanungen mehr als Querschnittsthema zu sehen. Die Probleme, die wir heute in den Städten haben, sind

Symposium
Neue Wege in der Stadt
Podium I

08, 09, 10 Rolf Keller, Bauen als Umweltzerstörung. Alarmbilder einer Un-Architektur der Gegenwart, Publikation Zürich 1973

fast alle Rückbauaufgaben. Es ist ja nicht so, als wenn das plötzlich vom Himmel gefallen ist, sondern es gab einmal die Zeit der autogerechten Stadt, wie wir heute schon mehrfach gehört haben. Das war über Jahrzehnte das Leitbild von Planern, und das hatte seinen Grund. Das 20. Jahrhundert war ein Jahrhundert der Massenmotorisierung. Und die jetzt wieder rückgängig zu machen und konsequent auch die Verkehrsräume zurückzubauen, ist wahrscheinlich auch eine Jahrhundertaufgabe, aber auch eine Aufgabe, welche die Profession der Planer sich selbst gestellt hat, weil sie in früheren Generationen die Massenmobilisierung mit betrieben hat und nun auch für die Folgen mitverantwortlich ist.

Wichtig finde ich: Die autogerechte Stadt ist irgendwann kritisiert worden, und zwar zu Recht, doch ist diese Epoche nicht von Planerinnen und Planern beendet worden. Es gab ja nicht erst die Einsicht der Planerinnen und Planer, sondern es gab vielmehr vor Ort die Bürgerproteste, Bürgerinnen und Bürger, die sich auf die Straße gesetzt und gefordert haben – ob in München, Frankfurt, Hamburg oder Bremen: „Jetzt nicht auch noch diesen Teil der Altstadt durchschneiden!" So wunderbar ich es finde, wenn durch die Planerprofession jetzt – gerade auch durch eine solche Tagung – das Bewusstsein geschärft wird für die Notwendigkeit des Rückbaus der Straßen und die Zurückdrängung des Automobils, möchte ich doch darauf hinweisen, dass wir Verkehrsplanung nie isoliert betrachten dürfen. Warum?

Es geht hier auch im positiven Sinne um Erreichbarkeit. Man kann mit Verkehrsplanung Menschen anhängen und anbinden, und man kann sie abhängen. Gerade in den amerikanischen Diskussionen ist oft erklärt worden, wie der Exodus der Mittelschichten und der Wohlhabenden aus den Innenstädten und das Zurücklassen der Armen in den Ghettos der Innenstädte gerade auch verkehrlich ein Abhängen ärmerer Bevölkerungsschichten war, die mangels verkehrlicher Erreichbarkeit nicht mehr zu den neuen Arbeitsplätzen kommen konnten.

In Berlin wird gegenwärtig der Bau einer neuen Stadtautobahn quer durch die Stadt mit dem sozialen Argument begründet, man müsse den verarmten Teil Ostberlins an den Stadtring anschließen. Das heißt, neben der sehr wohlmeinenden, rein verkehrlichen Debatte über Rückbau und die Forderung „Weg vom Automobil!" müssen wir die Frage der Erreichbarkeiten in unseren Städten durchdenken, auch wieder vor dem Hintergrund von sozialer Polarisierung und kultureller Spaltung. Wenn ich Straßen zurückbaue: Wer kommt dann noch wo wie hin? Welche anderen Verkehrsmittel privilegiere ich? Wem sind welche zugänglich? Wie schaffe ich es, dass meine Stadt ein fluides System bleibt? Denn die Fluidität und der Wunsch nach Mobilität sind ja heute größer denn je. Also, Einbettung dieser Verkehrsfragen in die Frage des Gesamtorganismus des Städtischen finde ich enorm wichtig.

Reiner Nagel: Total wichtig, da stimme ich zu. Aber innerhalb von Verwaltungen, die hierarchisch organisiert sind, kann das nur als Gemeinschaftsaufgabe laufen, wenn es sozusagen Chefsache ist oder man bereits integriert arbeitet. Nun gibt es aber in Berlin nicht nur eine Verkehrsplanung. Es gibt wie in allen Städten auch hier eine Tiefbauabteilung, die üblicherweise noch mal ein Stück weiter weg ist von Themen des städtischen Verkehrs als die Verkehrsplanung. Dann gibt es eine Stadtentwicklungsplanung und Stadtplanung. Hinzu kommen Grünplanung, Freiraumplanung, Naturschutz. Und alle sagen: „Wir!" Doch sie meinen dieses Wir nicht übergreifend, sondern selbstbezogen sektoral. Wie befördert man unter solchen Bedingungen ein integriertes Arbeiten an Querschnittsthemen? Gibt es einen Ansatz?

Hille von Seggern: Vielleicht ist auch dafür die Zeit reif. Wir brauchen neuen Mut, großräumig solche Themen wieder anzugehen. Wir haben ja viele gelungene Beispiele aus den internationalen Bauausstellungen oder den regionalen vor Augen, auf die wir uns beziehen können, Modellversuche, die in gewissen Ausnahmesituationen möglich waren. Vielleicht müssen wir mehr Ausnahmesituationen schaffen. Vielleicht ist das die Voraussetzung. Aber ich finde, es ist so notwendig, mit neuem Mut und mit Lust an integrierten Konzepten zu arbeiten: Es ist eben ein infrastrukturelles Querschnittsthema.

Peter Conradi: Man braucht dafür auch eine breite öffentliche Diskussion. Ich merke das hier in Stuttgart. Im Zuge der Maßnahmen für Stuttgart 21 ist das frühere Bahngelände frei und inzwischen teilweise bebaut worden: große Parzellen, Höchstpreisgebote, die Bahn wollte viel Geld damit verdienen. Mit „Stadt" hat das Ganze nichts mehr zu tun. Die Stuttgarter sagen: Das wollten wir eigentlich nicht. Wenn wir jetzt die Gemeinderäte und die Planer fragen, sagen auch die: So haben wir uns das nicht vorgestellt. Kürzlich wurde in einem Zeitungsartikel unter dem Titel *Café Stöckle* der Tagesablauf in einem Café im Stuttgarter Westen geschildert: wer kommt, frühstückt, isst und wieder geht. Anhand dieses Cafés wurde gezeigt, was das für ein qualitätsvoller Stuttgarter Stadtbezirk aus dem 19. Jahrhundert ist, der Stuttgarter Westen: vier- bis fünfgeschossig, eine Mischung aus Gewerbe, Läden, Wohnungen, Büros, ab und zu mal etwas Größeres dazwischen. Viele Leute sagen: Eigentlich ist es das, so möchten wir es gerne haben.

In seiner Abschiedsvorlesung hat Franz Pesch, Professor für Stadtplanung an unserer Universität, die Parzellengröße im Stuttgarter Westen mit der Parzellengröße im Stuttgarter A1-Gebiet verglichen. Das ist ein Verhältnis von eins zu zehn und mehr. Im Westen sind es einzelne Bauherren und Eigentümer, die sich im 19. Jahrhundert ein Haus geleistet haben, deren Erben und Nach-Erben es heute noch besitzen. Doch im Europaviertel A1 sind es Riesengesellschaften, die an Stuttgart kein Interesse haben, die nur ein „Ding" hinknallen, ein großes Ding, manchmal mit guten Architekten; aber Stadt wird das nicht. Die Frage ist: Muss das so sein?

Wenn ich dann sehe, was etwa in Tübingen – wesentlich kleiner als Stuttgart – oder in anderen Städten geschieht, kann ich nur staunen. Dort sagt man: Hier ist der Grundstückspreis, da wird nicht gehandelt. Wer auf dem Grundstück bauen will, muss uns sein Konzept vorlegen. Er/Sie bekommt das Grundstück erst, wenn das Baugesuch genehmigt und die Finanzierung gesichert ist. Und: Wir wollen vor allem Bauherren aus unserer Stadt Tübingen. Wir wollen nicht irgendwelche Kapitalanleger aus Australien oder Kanada, sondern Bauherren und -frauen, denen unsere Stadt wichtig ist und die etwas für die Stadt tun wollen. Die bedeutenden Bauten von früher, die wir heute gerne zeigen, sind Bauten von Kirchen, von Fürsten, von reichen Bürgern der Stadt. Die haben diese Stadt gebaut, und sie war ihnen wichtig. Sie wollten ihr etwas Gutes tun. Wenn Sie aber in dieses neue Stuttgarter Viertel neben dem zerstörten Hauptbahnhof gehen, können Sie gleich erkennen: Da sind keine Investoren am Werk, die Stuttgart etwas Gutes tun wollten.

Reiner Nagel: Und es ist dort auch kein öffentlicher Raum zu finden, der im Sinne von Nutzungsvielfalt wirklich funktioniert, weil man um große Parzellen oder um Blöcke herum kaum Gemeinsinn stiften kann. Das ist auch das Phänomen in der Hamburger Hafen-City, die ansonsten eines der besten Beispiele ist, wie man Stadt heute gestalten kann unter

Symposium
Neue Wege in der Stadt
Podium I

den Gegebenheiten, dass die Häuser in der Tendenz heute vier oder fünf Fassaden haben und nicht mehr nur zwei oder drei. Das heißt, geschlossene Bauweise ist nicht mehr Mode, Parzellen funktionieren am Markt nur selten. Da muss man etwas tun, vor allem auch wegen des öffentlichen Raums, denn so ein großer Block hat vermutlich zu wenig Angebote in den Erdgeschossen, um den öffentlichen Raum zu beleben. Doch kommen wir zurück zu dem Thema der integrierten Herangehensweise. Wie schafft man es, dass man in projektbezogenen, interdisziplinären Teams zusammenkommt? Wie kann man den vorhin am Beispiel der IBA genannten Ausnahmezustand möglicherweise zum Regelzustand machen? Welche Kompetenz braucht es dazu? Ist es auch ein Problem der Ausbildung? Das wir ja im Moment auch an den Hochschulen heiß diskutieren.

Hille von Seggern: Ich glaube, dass dies auch ein Problem der Ausbildung ist. Ich hatte in meinem Studium noch die Angebote und die Freiheit, tatsächlich eine Integration von Architektur, Stadtplanung, Verkehrsplanung, Soziologie und Landschaftsarchitektur zu studieren. Und ich habe später, als ich selber Hochschullehrerin war, entsprechend die Ausbildung darauf ausgerichtet, dass zwar eine Disziplin im Vordergrund steht, aber zugleich die Fähigkeit trainiert wird, wirklich zu kooperieren, das heißt, sich wirklich für die anderen Fächer zu interessieren und soweit in die anderen Disziplinen hineinzugehen, sie so weit zu beherrschen, dass man als kompetenter Gesprächspartner geschätzt wird.

Ich glaube, dass dies in einer integriert verstandenen Landschaftsarchitektur eher möglich ist als in der Architekturausbildung, da diese meist noch zu sehr traditionell im Entwurf als Formfindung und in der auf Einzelbauten bezogenen Betrachtung beschränkt bleibt. Der Städtebau ist zur Zeit – nach meiner Wahrnehmung – in der Ausbildung zu schwach vertreten, um diese Integration zu leisten. Dazu kommt, wie wir alle wissen, eine Art von übertriebenem Individualismus. Jede Architektur stellt sich großartig dar, ebenso die Architekten selbst. Es ist im Moment einfach nicht modern, integriert zu denken. Ich glaube, da ist ein Mangel an wechselseitiger Achtung und Wahrnehmung, der schon in der Ausbildung anfängt.

Reiner Nagel: Aber müssen wir nicht auch darauf achten, wie in konkreten Projekten die Kompetenz aus verschiedenen Richtungen zusammenkommen kann – im Studium und in der Praxis? Als wir die Hamburger Hafen-City geplant haben, waren es 2005 zwischenzeitlich 23 Kolleginnen und Kollegen mit 20 Berufen. Und das hat sehr gut funktioniert. Liegt eine große Chance für die Stadtgesellschaft nicht auch in dieser Interdisziplinarität der Planung?

Ilse Helbrecht: Dieses Thema der Interdisziplinarität hatten wir schon in den Sechzigern. Dann ging die Konjunktur wieder runter, mal wieder rauf. Manchmal braucht es neue Vokabeln und neue Bewegungen, um eigentlich etwas durchaus Bekanntes zu transportieren und Besseres daraus zu machen. Ich hätte ein Angebot an die Disziplin der Planer, eine neue Vokabel, die vielleicht helfen könnte, dieses Zusammendenken zu fördern. Das ist für mich gegenwärtig der Begriff der *Umweltgerechtigkeit*. Er ist eng verbunden mit der Bewegung der *environmental justice*, kommt aus den USA, ist dort schon lange verankert. Eigentlich kommt dieser Begriff aus einer bürgerschaftlichen Protestbewegung, weil es in den USA sehr oft so ist, dass Umweltbelastungen, etwa durch Chemiefabriken oder Klärwerke, an den Standorten besonders stark auftreten, wo deutlich ärmere, oftmals schwarze Bevölkerungsgruppen wohnen. Die haben dann gesagt: Das ist eigentlich umweltungerecht. Wir sind sowieso sozial benachteiligt und werden über die Verteilung von Infrastrukturen in der Stadt noch mal benachteiligt.

Der Geograf David Harvey hat einen schönen Begriff geschaffen: Er spricht vom *Second Income*. Eigentlich kann man eine Stadt auch in dieser Kategorie denken im Hinblick auf das, was Stadtplanerinnen und Stadtplaner im Auftrag des Wohlfahrtsstaates an die Bevölkerung verteilen. Sie verteilen mit Steuergeldern öffentliche Ressourcen, ob das eine Straße ist, ein Parkplatz, ein Spielplatz, eine Grünfläche. Es werden mit öffentlichem Geld öffentliche Ressourcen in der Stadt verteilt. Das wird sehr oft nur sektoral diskutiert: Wo ist ein Grünflächendefizit? Wo läuft der Verkehr? Wer wird bevorzugt, wer abgehängt? Unter der Perspektive der Umweltgerechtigkeit kann man ganz primitiv und ganz schlicht zwei, drei Folien übereinander legen. Nehmen wir das Beispiel Berlin. Berlin hat ein wunderbares soziales Monitoring und weiß sehr genau Bescheid über seine Quartiere – verteilt in der ganzen Stadt –, welche Kieze im Aufstieg, welche im Abstieg sind, welche problematisch, welche stabil sind. Es wird sehr genau und wunderbar beobachtet. Wenn man diese Karte der sozialen Problemlagen, aber auch des sozialen Reichtums Berlins, nimmt und sagt: Bei jeder Grünflächenplanung – also Verteilung öffentlicher Ressourcen, öffentlichen Geldes in der Stadt – prüfe ich mal: Wie ist eigentlich die Ausstattung bestimmter Quartiere in Relation zum privaten Einkommen der Bevölkerung? Verteile ich als Planerin mit öffentlichem Geld noch mehr Grünflächen da, wo ohnehin zumeist Wohlhabende leben?

Für Berlin gibt es inzwischen einen *Umweltgerechtigkeitsindex*, der zum Beispiel zeigt, dass Grünflächen proportional extrem überverteilt sind in den wohlhabenden Bezirken, und dass ärmere Bezirke unter Grünflächenarmut leiden. Wir wissen aus der sozialwissenschaftlichen Forschung: Ohne Grünräume gibt es das Problem des Übergewichts, der mangelnden Bewegung der Jugendlichen usw. Davon sind wir ja alle überzeugt: Die Umwelt prägt. Nicht nur Verkehrsflächen prägen Verkehrsverhalten, sondern auch quartierliche Umwelten geben Chancen der Entfaltung – oder begrenzen Entfaltungschancen.

Mit dem Stichwort der Umweltgerechtigkeit könnte man eigentlich jeden öffentlichen Euro, der ausgegeben wird in einem bestimmten Teilgebiet der Stadt, daraufhin überprüfen: Findet hier mit öffentlichem Geld eine weitere Bevorzugung privilegierter Gruppen statt? Oder geht Geld in bislang benachteiligte Quartiere? Für mich ist klar: Öffentliches Geld muss vorwiegend in die Quartiere gehen, die problemgeladen sind.

In den USA ist es inzwischen so weit, dass auf der Basis des *Claims environmental Justice* zum Beispiel in Los Angeles eine ÖPNV-Linie geändert werden musste. Die Bevölkerung hatte dagegen geklagt und gesagt: Das privilegiert ein Gebiet in der Schaffung von Erreichbarkeit, das es gar nicht nötig hat. Andere Quartiere sind abgehängt, die es viel dringender brauchen. Vor Gericht wurde dann diese Planung wirklich gekippt. Das heißt, Umweltgerechtigkeit könnte zum Beispiel in der Ausbildung etwas sein, was für Planerinnen und Planer das Bewusstsein schärft, immer wieder zu fragen: Wenn ich öffentliche Infrastrukturen verteile: Was hat das für Konsequenzen für die Sozialstruktur und die Gerechtigkeit in der Stadt? Die fordert quasi von jedem Grünflächenplaner, von jedem Verkehrsplaner integratives Denken – zumindest im Hinblick auf sozialräumliche Gerechtigkeit. Damit wäre schon viel erreicht.

Reiner Nagel: Herr Conradi, wir haben auf Bundesebene eine interessante Konstellation, in der man das Thema Umweltgerechtigkeit aufgreifen könnte. Wir haben mit Frau Dr. Hendricks eine Ministerin, die für Umwelt, Bauen und Stadtentwicklung zuständig ist, die in diesem Zusammenhang Geld verteilt. Ich glaube, dass die Bereitschaft besteht, im Ergebnis zwei gleich große Säulen zum Ausgleich zu bringen, nämlich Bauen und Umwelt. Wir haben allerdings das große Geld für Infrastrukturen immer noch im Nachbarressort Verkehr, im Ministerium von Herrn Dobrindt. Wie könnte man es schaffen, dass, erstens, Frau Hendricks diese beiden Säulen vielleicht noch besser zusammenbringt, und, zweitens, sie ihren Kollegen Dobrindt dazu holt?

Peter Conradi: Im Verkehr sehe ich seit mindestens zwanzig Jahren eine große schwarz-rote Koalition für Straßenbau und Straßenverkehr. Bei der Bahn heißt es in Sonntagsreden: Es muss mehr Geld in die Bahn gesteckt werden! Aber tatsächlich wird auch hier vor allem zurückgebaut. Die Bahn hat bei weitem nicht das Geld, das sie braucht, um allein nur die Infrastruktur zu erhalten. Da eine Denkänderung zu erzielen – das wäre schön. Aber ich bin im Moment skeptisch, was neue Orientierungen und Bündnisse angeht. So, wie die Bundesregierung es angepackt hat, war es aus meiner Sicht ein falscher Ansatz.

Und ob Umwelt und Bau künftig besser zusammenkommen? Da habe ich Hoffnung, dass in diesem Ministerium in Zukunft vermehrt auch Umweltstandards überlegt werden, die das Bauen betreffen. Denn gegenwärtig wird ja noch auf Teufel komm raus Bausubstanz abgerissen und durch neue

Symposium
Neue Wege in der Stadt
Podium I

ersetzt. Das finden die Architekten toll, auch die Ingenieure und die Investoren. Energetisch ist das ein Blödsinn. Mit jedem Abriss wird auch die graue Energie vernichtet, die in einem Haus steckt. Und der Abriss kostet Energie. Die Lagerung kostet Energie. Der Neubau kostet Energie. Fachleute sagen: Es dauert zwanzig Jahre, bis das energetisch wieder ausgeglichen ist. In der Regel sei es energetisch vernünftiger, vorhandene Bauten energetisch zu sanieren.

Dafür gibt es viele gelungene Beispiele. Aber in welcher Stadt wird tatsächlich eine energetische Vergleichsrechnung gemacht? Die Investoren sagen nach zwanzig, fünfundzwanzig Jahren: Das hat genug Geld gebracht, wir bauen jetzt mehr auf das Grundstück, und schneller, größer und schöner. Könnte der Bund da nicht sagen: Vor einer Abriss- und Sanierungsgenehmigung muss eine energetische Bilanzrechnung vorgestellt werden.

Natürlich gibt es Häuser, die man abreißen muss, weil man sie nicht mehr sanieren kann oder weil sie den Anforderungen nicht mehr entsprechen. Aber ich bin sicher: Vieles, was heute abgerissen wird, könnte zu vernünftigen Kosten energetisch vernünftiger saniert werden. Das erhoffe ich mir von der Ministerin und ihrem Haus, das mit der Erhaltung und Erneuerung des Bestands auch ein Beitrag zur Qualität und Identität des umgebenden Quartiers geleistet wird.

Hille von Seggern: Ich finde Umweltgerechtigkeit ja gut. Aber ich meine, dass diese Vokabel nicht so recht die Begeisterung weckt, meine jedenfalls nicht, weil ich das Gefühl habe: Man sollte das eine tun, aber das andere nicht lassen. Die Forderung nach Umweltgerechtigkeit fördert nicht per se das integrierte Denken, auch wenn es ein gutes Instrument dafür ist. Aber dieses Instrument fördert auf der anderen Seite Verrechtlichung und Streit auf der juristischen Ebene.

Ich wünsche mir mehr wirklich begeisternde Beispiele für eine tatsächlich integrierte Herangehensweise, die von der Zielvorstellung her freilich auch umweltgerecht sein sollte. Ich habe immer so etwas wie „Gutes Leben" vor Augen, das durch Projekte gefördert werden kann, für die man Begeisterung wecken muss. Um so etwas dann in interdisziplinärer Planung koordinieren zu können, braucht man erst einmal den Willen der Beteiligten, ihr Einverständnis, dazu Überzeugungskraft, Hartnäckigkeit, Durchhaltevermögen, Anschaulichkeit – alle diese Dinge, die man zumeist erst nach der Ausbildung lernt.

Ilse Helbrecht: Ich glaube, wir können inzwischen davon ausgehen, dass die Lust auf Stadt-Erleben, Stadt-Machen und Stadt-selber-Aneignen in den letzten Jahren extrem zugenommen hat. Es kommt in öffentlichen Räumen zu Aktivitäten, die nie ein Raumplaner je vorhergesehen hat. Es werden Orte von Jugendlichen angeeignet – mit einer Intensität und mit Ausdrucksformen, die uns immer wieder überraschen: Wir müssen und dürfen mit der Kreativität ganz vieler unterschiedlicher Nutzergruppen rechnen.

Wir dürfen auch davon ausgehen, dass ein Ort nicht sieben Tage die Woche, 24 Stunden am Tag der gleiche ist. Es gibt den schönen Begriff des *Situativen Ortes*, will sagen: Eigentlich verändert sich selbst ein vermeintlich klar *geframter* Platz wie der Alexanderplatz in Berlin mit jeder Stunde. Er ist Montagmorgen um 7 Uhr ein anderer als Freitagnacht um 3 Uhr oder mittags um 12 Uhr. Diese Fluidität des Platzes und die Kreativität der Nutzergruppen sind natürlich für die Planerprofession einerseits eine riesige Herausforderung, weil Planungen permanent chaotisiert, unterlaufen, angeeignet und zweckentfremdet werden. Gleichzeitig ist es planungstheoretisch und methodisch eine unglaublich lustvolle, kreative Herausforderung, für diese Art von neuer Stadtgesellschaft auch eine neue Art von Planung zu erfinden.

Peter Conradi: Für solche Bewegungen gibt es ja inzwischen viele Beispiele; das muss von unten, darf nicht von oben kommen. Etwa das *Urban Gardening*, in dem einige Bürger öffentliche Grünflächen selbst bepflanzen mit dem, was sie für richtig halten, und nicht so, wie das Gartenbauamt es für richtig hält. Oder dass die Menschen die Stadt bespielen mit improvisierten Straßentheater, oder Möbel hingestellt werden und die Bürger auf Straßen und Plätzen zusammenkommen, essen und feiern können. Das heißt, wir

11,12 Spontane Tanzveranstaltung auf dem Pariser Platz, Berlin 2014

haben eine Vielzahl von Bedürfnissen – nicht nur Demonstrationen, das auch –, auf öffentlichen Räumen etwas selber zu machen, spontan und gemeinsam mit anderen. Auf der einen Seite zeigt sich dabei ein starker Individualismus, der belastend ist und auch negative Folgen haben kann, auf der anderen Seite der Wunsch, mit anderen zusammen zu sein, sich auszutauschen, etwas zusammen zu tun.

Deswegen bin ich gar nicht sicher, ob die Stadt das alles vorschreiben muss. Sie sollte höchstens den Verkehr herausnehmen und Möglichkeiten anbieten. Die Menschen nehmen sich dann das, was sie brauchen an Raum.

Reiner Nagel: Wir sollen zum Ende kommen. Viele der angesprochen Fragen umreißen sehr gut das Themenfeld neuer Wege in der Stadt. Wo kann man hingehen? Wo besteht Potenzial und Chance für welche Aktivitäten? Ich möchte aber noch, Herr Conradi, Ihren Kollegen Willy Brandt zitieren, der gesagt hat: „Der beste Weg, die Zukunft vorauszusagen, ist sie zu gestalten." Wenn man das bedenkt, könnten wir sagen: Am wenigsten unsicher – auch mit Blick auf neue Wege in der Stadt – ist die Zukunft, die wir selbst gestalten. Was sollten wir uns, bezogen auf unser Thema, als erstes vornehmen? Was ist Ihnen persönlich besonders wichtig nach diesem Gespräch?

Ilse Helbrecht: Ich bleibe bei der Umweltgerechtigkeit. Wenn Umweltgerechtigkeit immer gegengespiegelt würde gegen jede öffentliche Investition – und wenn Verkehr somit neu gedacht würde unter Aspekten der Erreichbarkeit und sozialer Polarisierung, dann könnte man manches zum Besseren wenden.

Peter Conradi: Wichtig ist mir eine Bürgerbeteiligung, die schon vor Beginn der Planung die Menschen mit einbezieht, indem alle Beteiligten sagen dürfen, was sie ärgert und was sie gerne hätten. Dann erst sollte eine langsame Entwicklung von Planung erfolgen. Das heißt eben nicht, erst etwas zu planen und dann sich darüber wundern, wenn die Leute sagen: Das wollen wir nicht – und auf die Straße gehen. Es geht um ein grundsätzlich anderes Verständnis von Planung.

Hille von Seggern: Ich möchte mehr Real-Experimente. Und die sollten von Anbeginn großräumig angelegt sein. Selbstverständlich wäre dabei eine Bürgerbeteiligung, die von Anfang an dabei ist – und nicht nur eine Beteiligung, sondern eine gemeinsame Arbeit, eine gemeinsame Erforschung dessen, was man eigentlich machen will. Es geht ja um viel mehr als um eine Beteiligung. Dafür brauchen wir, glaube ich, mehr experimentelles, mutiges, integriertes Vorgehen.

Symposium
Neue Wege in der Stadt
Podium II

01 Podium II

Podium II
Rena Wandel-Hoefer, Baudezernentin, Saarbrücken, im Gespräch mit:
Gisela Stete, Verkehrsplanerin, Darmstadt
Harald Heinz, Architekt, Aachen
Alfred Peter, Landschaftsarchitekt, Straßburg
Hartmut Topp, Verkehrsplaner, Kaiserslautern

Rena Wandel-Hoefer: Aus der ersten Podiumsrunde haben wir viel über das notwendig integrierte Zusammenwirken der Disziplinen in der Gestaltung des öffentlichen Raumes gehört. Seit Jahren werden dazu kluge Gedanken formuliert und exemplarische, nachahmenswerte Beispiele realisiert.

Warum sind wir in der Breite unser Praxis aber nicht weitergekommen, was die Realität unserer öffentlichen Räume betrifft, die doch oft nur Verkehrsraum sind? In dieser Runde sitze ich mit erfahrenen Umgestaltern von Verkehrsraum, mit Kämpfern für die Rückgewinnung des öffentlichen Raumes zusammen: dem geistigen Vater der Idee der städtebaulichen Bemessung Harald Heinz, mit Hartmut Topp, dem versierten Überzeugungstäter, der politische Entscheidungsträger immer wieder zum Verlassen eingefahrener Planungspfade bewegt, mit der Verkehrsplanerin Gisela Stete, die für integrierte ganzheitliche Planung mit ihrer Arbeit einsteht und dafür gerade auch in der Ausbildung junger Planer kämpft, und mit dem französischen Landschaftsplaner Alfred Peter, der Verkehrsplanern zeigt, wie Verkehrsraum als öffentlicher Raum ganz anders gedacht werden kann.

Warum ist öffentlicher Raum immer noch so stark vom motorisierten Verkehr geprägt, warum erleben wir den immobilen Raum immer noch so unter dem Primat der Mobilität? Wir kennen seit Jahrzehnten die notwendigen Instrumentarien zum Umsteuern in Richtung auf eine integrierte, interdisziplinäre Planung des öffentlichen Raumes, warum erleben wir die Straßen unserer Städte immer noch überwiegend als zweidimensionale horizontale Bewegungsflächen und nicht als dreidimensionalen sozialen Raum? Wenn das Wissen über die Instrumentarien so wenig Dynamik zur Veränderung beiträgt: Wieviel Rebellion gegen überholte Dogmen der Mobilität ist nötig, um aus Verkehrsräumen wieder städtische Räume werden zu lassen?

Harald Heinz: Zunächst eine grundsätzliche Vorbemerkung; Die Anlage von Straßen im Straßennetz ist keine verkehrsplanerische, sondern eine städtebauliche Aufgabe, und wir müssen sie als städtebauliche Gemeinschaftsaufgabe unter Mitwirkung unterschiedlicher Disziplinen auffassen. Das heißt nicht, Herr Topp, dass Ihre Zunft demnächst arbeitslos wird. Aber der Ausgangspunkt ist, dass jede Straße zunächst als ein Stadtraum zu begreifen und zu bearbeiten ist. Insofern würde ich die Fragestellung: „Wie wird der Verkehrsraum zu einem Stadtraum?" umkehren. Der Stadtraum ist zunächst Stadtraum, und er kann auch als Verkehrsraum genutzt werden, wenn es denn notwendig ist.

Alfred Peter: So sehe ich das auch, doch gehöre ich zur Familie der Rebellen unter den Planern, seit zwanzig Jahren, und das kann ich auch nachweisen. Wir haben ungefähr dreißig Verkehrskreisel zurückgebaut, Hochstraßen abgerissen, Freiräume gestaltet. Wenn eine Straße in Frankreich zurückgebaut wird, sind wir meist dabei. Ich bin ganz zufällig zu dieser Aufgabe gekommen.

Vor fünfundzwanzig Jahren hat eine Bürgermeisterin in Straßburg gesagt: Ein Landschaftsarchitekt kann bei einem Straßenbahnprojekt nur Gutes bringen. Das war zunächst nur eine Intuition. Und so bin ich plötzlich mitten in dieses Thema herein gefallen. Dreißig Jahre später bin ich immer noch dabei. Inzwischen hat sich vieles verändert. Wenn wir vor fünfundzwanzig Jahren in eine Straße gegangen sind,

Symposium
Neue Wege in der Stadt
Podium II

um etwas zu verändern, waren alle dagegen. Ich erinnere mich noch, dass mir ein Metzger in einer Straße mit einem Messer nachgelaufen ist. So handfest war damals die Debatte, das Auto war noch ein Heiligtum.

Rena Wandel-Hoefer: Darf ich das Motto Ihres Büros zitieren, was Ihr Verständnis des öffentlichen Raumes wunderbar zusammenfasst? „Einfachheit, Authentizität und dauerhafte Sparsamkeit miteinander versöhnen." Ich denke, in diesem für deutsche Ohren vielleicht ein bisschen pathetischen Motto steckt eine Botschaft, die grundlegende Wahrheiten enthält, die wir uns in Erinnerung rufen sollten, wenn wir uns zurückbesinnen auf das, was der öffentliche Raum, den wir mit so vielen Funktionen und Erwartungen überfrachten, wirklich für Stadt bedeuten kann.

Alfred Peter: Ich zähle gar nicht mehr, wie viele Wettbewerbe ich verloren habe, weil ich dieses Motto umgesetzt habe. Das ist ja eines der Probleme im öffentlichen Raum, dass wir viel zu viel machen, zu viel überzeichnen, dass wir versuchen, die Räume präzise zu gestalten, als wüssten wir genau, was darauf künftig geschehen wird. Die Chance zu geben, dass die Entwicklung einen anderen Kurs nimmt als geplant, das ist unsere Aufgabe. In diesem Sinn müssen wir den guten Kleber finden zwischen dem Verkehrswesen und den anderen Aktivitäten einer Stadt. Diesen Kleber zu finden, der beide Ebenen elastisch verbindet, ist eine sehr subtile Aufgabe, aber wichtig für unser Metier. Die Überzeichnung des öffentlichen Raums mit zahllosen Details der Gestaltung ist leider eine Tendenz, die von den Wettbewerben beschleunigt wird, weil man irgendetwas bringen muss, um Aufmerksamkeit durch Profilierung in diesem Prozess der Auswahl zu wecken. Das ist sehr gefährlich. Deshalb verlieren wir viele Wettbewerbe, weil wir bei Projekten oft sagen: Da brauchen wir eigentlich gar nicht viel zu machen. Ich habe sogar mal in einer Stadt die Wettbewerbsunterlagen wieder zurückgegeben und gesagt: „Sie können 10 Millionen sparen!"

Gisela Stete: Für mich die Gestaltung des öffentlichen Raumes – das wurde in der vorigen Runde ja auch schon so diskutiert – nicht nur eine ästhetische oder eine technische Frage, sondern vor allem eine gesellschaftliche, auch wenn gerade bei Verkehrsanlagen oft technische Aspekte im Vordergrund stehen. Darin liegt für mich die Herausforderung, den öffentlichen Raum so zu gestalten, dass er vielfältig nutzbar ist, für möglichst viele Menschen unterschiedlichen Geschlechts, Alters, kulturellem Hintergrund, zu vielen Zeiten und in unterschiedlichsten Formen. Hierzu gehört für mich auch, dass die Menschen in jedem Schritt der Planung und ihrer Verwirklichung mitgenommen werden. Das Repertoire guter Gestaltungselemente oder der Baukasten dessen, wie ein öffentlicher Raum gut zu planen und Verkehrsanlagen schlüssig zu integrieren sind, ist groß. Die Mittel müssen unter dem Aspekt der Nutzungsfreundlichkeit und Alltagstauglichkeit nur richtig angewendet werden.

Rena Wandel-Hoefer: Wir hatten in der Vorrunde das Thema Spezialisierung, Diversifizierung. Wie weit drücken sich Spezialisierung und Diversifizierung in den Disziplinen letztlich auch in einer Zersplitterung des öffentlichen Raums aus? Indem jeder die Spezialisierung seiner Disziplin als Stempel dem öffentlichen Raum aufdrückt, wenn er sich nicht im Rahmen eines integrierten Vorgehens zurückzunehmen lernt?

Harald Heinz: Dazu kann ich Schlimmes berichten. Wir haben uns vor einiger Zeit im Auftrag eines Ministeriums mit der Möglichkeit der Integration von Verkehrs- und Stadtentwicklungsplanung sowie deren finanzieller Förderung beschäftigt. Ich habe mich riesig gefreut, als wir diese Ausschreibung gewonnen haben und uns mit diesem Thema beschäftigen konnten. Im Laufe dieses Auftrags habe ich mit vielen Kollegen aus unterschiedlichen Disziplinen gesprochen.

Dabei ist mir noch mal richtig klar geworden, wie schwierig es ist, nicht nur zwischen den Stadtplanern auf der einen Seite und den Verkehrsplanern auf der anderen Seite mit ständig wechselndem Vokabular zu argumentieren, sondern schon innerhalb der Zunft der Verkehrsplaner ganz unterschiedliche Haltungen und Meinungen zu erleben. Da gab es Leute, die den ÖPNV über alles gehalten haben. Andere hielten die Nahmobilität für das Wichtigste, für wieder andere hatte immer noch das Auto die höchste Priorität.

02 Podium II mit Alfred Peter, Harald Heinz, Hartmut Topp, Gisela Stete und Rena Wandel-Hoefer

Da ist mir klar geworden, dass dies nicht nur ein Problem innerhalb der Städte ist, sondern auch ein Problem auf Landesebene. Und ich vermute, dass es so ähnlich auch beim entsprechenden Bundesministerium aussehen wird. Ich sehe einen großen Bedarf, diese Haltung dogmatischer Spezialisierung aufzulösen.

Wenn Sie schon einmal die Umgebung eines Bahnhofs in Deutschland geplant haben, dann wissen Sie, wovon ich rede. Da gibt es mindestens fünf verschiedene Förderungen oder noch mehr. Die müssen Sie dann alle erstmal zusammenbringen, um sie dann bis zur Abrechnung wieder auseinanderzuhalten. Das ist ein absolutes Unding. Ich meine, diese Umständlichkeit ist vor allem darin begründet, dass es für Projekte innerhalb der Kommunen zwei grundsätzlich verschiedene Förderwege gibt. Es gibt die Städtebauförderung und die Verkehrsanlagenförderung. Das ist nicht nachzuvollziehen.

Wir müssten in den Städten eine integrierte Stadtraumförderung haben. Und in dieser Stadtraumförderung müssten alle Aufgaben, die in einem Stadtraum vorkommen, zusammen erfasst werden. Dann muss ich die Projekte nicht in Verkehrsaspekte und Aspekte des Städtebaus zerlegen. Denn darin liegt ein Widerspruch, der in den 1950er Jahren mit der Idee der autogerechten Stadt entstanden ist. Wenn wir uns heute mit Stadträumen beschäftigen, gibt es diese zwei verschiedenen Welten in der Wirklichkeit gar nicht mehr.

Hartmut Topp: Aber es gibt sie ja noch, diese verschiedenen Welten. Für mich wäre eher die Frage: Wie komme ich damit zurecht? Wie kann ich diese Kontroversen auflösen, die da ausgetragen werden und manchmal bis ins Persönliche gehen? Ich denke, da gibt es eigentlich nur zwei Dinge, die wichtig sind: Einmal, die Entwurfsidee muss so überzeugend sein, dass ich auch die anderen Welten mit einschließen kann, und ich muss mit den anderen Akteuren, von denen ich vermute oder weiß, dass sie mir Schwierigkeiten bereiten werden, sehr früh auf Augenhöhe begegnen und sie ernst nehmen. Ich glaube, dass hier auch ein psychologisches Problem liegt. Wenn ich offen auf die Kollegen zugehe, dann habe ich zumindest die Chance, dass es schneller zu einem Konsens kommen kann.

In meinem Vortrag habe ich ein Beispiel aus Augsburg mit dem Wettbewerb gebracht. Das hat etwas von dem, was ich jetzt meine: Dass man in dem Wettbewerb die verschiedenen Disziplinen zusammenbringt und gemeinsam lernen lässt. In diesem Wettbewerb war der Oberbürgermeister als Sachpreisrichter beteiligt, der vorher im Wahlkampf einen Tunnel propagiert hatte. Aber er hat danach in dem Preisgericht, in den drei Tagen so viel gelernt, dass er mit Überzeugung sagen konnte: „Ein Tunnel kommt nicht mehr in Frage." Daran sieht man, dass es geht. Ich frage mich, warum das Augsburger Beispiel nicht Schule macht, nicht noch mehr Wettbewerbe ausgeschrieben werden. Warum sollte das nicht auch woanders möglich sein?

Symposium
Neue Wege in der Stadt
Podium II

03 Bahnhofsplatz Aachen – Platz und Bundesstraße

Gisela Stete: Meine Erfahrung in Wettbewerben ist, dass solche Beiträge, die sowohl den öffentlichen Raum, die Gestaltung als auch den Verkehr zusammen denken, in der Regel gute Ergebnisse erzielen. In dem Moment, wo die Aufgabe nur unter einem Aspekt optimiert wird, also nur unter dem Aspekt Gestaltung und Architektur, der Verkehr aber eher außen vor gelassen wird, oder dass umgekehrt eine Verkehrsanlage nur nach technischen Gesichtspunkten optimiert wird, sind das in der Regel keine gut zu bewertenden Beiträge. Die integrierten Beiträge sind diejenigen, die für den öffentlichen Raum am meisten bringen. Vieles hängt dabei an der Zusammensetzung des Preisgerichts, in dem alle Disziplinen vertreten sein sollten. Das ist oft nicht der Fall und kann zu einer einseitigen Sicht führen.

Rena Wandel-Hoefer: Wenn ich das zusammenfasse und versuche, dies mit der Forderung von Herrn Conradi zu verbinden, vor Beginn des Entwurfs mit den Menschen über ihre Bedürfnisse zu sprechen, wäre es nicht richtig, wie Hille von Seggern gefordert hat, auf einer experimentellen Ebene neue Förderprogramme aufzulegen, die es ermöglichen, große, integrierte, mit Beteiligungsverfahren begleitete Wettbewerbe zur Umgestaltung des öffentlichen Raums durchzuführen? Mit offenem Ergebnis. So dass sich Kommunen auf einer experimentellen Ebene mit ihren Bürgern nicht am konkreten, GVFG-geförderten Projekt, sondern mit Planern in einem offenen Prozess interdisziplinär integriert der Aufgabe annähern könnten. Aber solche Wünsche scheitern wohl schlichtweg schon an den Finanzen.

Harald Heinz: Experimente finden ja statt. Wir haben eben von verschiedenen Beispielen gehört. Selber haben wir auch solche Erfahrungen gemacht, haben einfach mal etwas ausprobiert, um zu erfahren, ob sich etwas bewährt oder nicht. Man muss es nur öfter versuchen.

Rena Wandel-Hoefer: Ich meinte großräumige Experimente, nicht das konkrete, im Haushalt schon verankerte Beispiel, für das man letztlich nur Varianten untersucht, sondern grundsätzlich großräumige Planspiele. Wie kann man mit öffentlichem Raum in einer Kommune auch in Alternativen umgehen? Nicht nur der theoretische Verkehrsentwicklungsplan, sondern der konkrete öffentliche Raum in einer Kommune ist ganzheitlich neu denken. Und dafür müsste es Förderprogramme geben.

Alfred Peter: Ich habe eines gelernt in fünfundzwanzig Jahren: Dass der Spielraum viel größer ist als man denkt. Wie oft haben wir gesagt: Das kann nicht gehen, das wird eine Katastrophe. Bei den ersten Kilometern der Straßenbahn in Straßburg haben wir gesagt: Da geht der Stau bis nach Metz, vielleicht bis nach Paris! Wir haben es trotzdem gemacht. Der Stau ist nicht gekommen. Daraus habe ich mit der Zeit gelernt, dass wir mit diesem experimentellen Herangehen an eine Sache den richtigen Spielraum ermessen können. Er ist viel größer, als man denkt.

Wenn man fürchtet: Das wird eine Katastrophe, dann sind Sie nicht weit von der Lösung entfernt. Das ist ein gutes Zeichen. Von der Ausbildung her bin ich Landschaftsarchitekt, aber ich habe noch nie einen Garten gemacht. Ich habe überhaupt kein richtiges Metier. Ich habe mir immer meine Kreativität aus dem Metier der anderen Professionen geholt. Deshalb fürchtet sich auch keiner vor mir, weil ich immer mitreden kann. Ich kann Verkehrskonzepte mitdenken,

04 Gisela Stete

05 Alfred Peter und Harald Heinz

06 Hartmut Topp

als wäre ich ein Verkehrsingenieur. Ich habe auch den Führerschein, um eine Tram zu fahren. Das kann ich alles machen. Also: Experimente auf der einen Seite und dann verstehen, wie die anderen funktionieren. Wir haben es ja gesehen: Je mehr Straßen wir bauen, umso mehr Chaos haben wir. Das ist ein komisches Experiment, es beweist sich aber überall. Wenn man in die Metiers der anderen geht, dann sieht man, wo deren Lücken sind, in die wir dann direkt hineingehen können.

Hartmut Topp: Ich möchte noch einmal das Experimentelle und das Temporäre betonen. Das war auch in der Runde vor uns schon ein wichtiges Thema. In Paris gibt es ja diese Straßen an der Seine, die im Sommer zugemacht werden, verwandelt in *Paris-Plages*. Aber das bedeutet eben nicht nur *Paris-Plages*: Es gibt über die ganze Stadt verteilt solche Ansätze. In Wien gibt es die Asphaltpiraten; die Mariahilfer Straße in Wien ist auch zunächst experimentell auf Zeit umgestaltet worden. Das sind Initiativen, die wirklich überzeugen. Wenn ich richtig informiert bin, werden diese Seine-Straßen jetzt dauerhaft auf einer Seite zugemacht. Immerhin! Das ist doch toll, wenn ich an einer Seite an den Fluss kommen kann. Das wäre wahrscheinlich ohne das Experiment nicht gelaufen.

Gisela Stete: Ich würde das nur unterstreichen wollen. Ich habe derzeit den Eindruck, dass unsere Ausbildung in dieser Richtung eher kontraproduktiv ist. Möglicherweise liegt es an der Einführung der Bachelor-/Masterstudiengänge. Gerade Bachelor-Absolventen, die ins Berufsleben einsteigen, haben nach meiner Büroerfahrung sehr gute Kenntnisse im Detail und für spezifische Fragestellungen; aber es fehlt der Blick über die Grenzen der eigenen Profession, der in der Ausbildung nicht mehr so selbstverständlich ist, wie er einmal gewesen ist. Es sollte meines Erachtens mit Nachdruck gefordert werden, dass die Interdisziplinarität wieder stärker in die Ausbildung zurückkehrt.

Hartmut Topp: Zur Qualität einer Idee fällt mir gerade der Times Square in New York ein, auch eine überraschende Geschichte, Ergebnis einer Zusammenarbeit von Fachleuten mit der neuen Bürgermeisterin in Manhattan. Es ist interessant, dass da die richtigen Leute auf beiden Seiten zusammenkommen mussten, um so etwas – vor Jahren Unvorstellbares – zu verwirklichen. Times Square als Fußgängerzone? Vor zehn Jahren undenkbar! Eine Straßenbahn in Manhattan wahrscheinlich auch unvorstellbar.

Alfred Peter: Es gibt inzwischen kein Kolloquium mehr, in dem man nicht über dieses Beispiel spricht. Aber wenn man sieht, was da konkret gemacht worden ist, war das nicht viel: ein bisschen Farbe auf der Straße, ein paar Stühle, ein paar Blumentöpfe – das war alles. Den Rest haben die Menschen getan. Aber dieses Vorhaben gehörte zu einem Globalkonzept für Manhattan. Wir haben jetzt den Wettbewerb für die 42. Straße mitgemacht, die genau am Times Square vorbei läuft. Bisher sechs Spuren, total verstopft von morgens bis nachts. Sie wird nun für Fußgänger angelegt mit einer Straßenbahn in der Mitte. Das war vor zehn Jahren noch undenkbar. Aber das kommt in den USA von

Symposium
Neue Wege in der Stadt
Podium II

07 Verkehr am Ufer der Seine, Paris 2010

08 Erholung am Ufer der Seine, Paris 2014

den Menschen, von den Bewohnern der Stadt, nicht von oben. Der Wettbewerb war nicht von der Stadt organisiert, sondern von Gruppen, die sich dafür zusammengetan hatten. Sie haben auch Verkehrsingenieure mit Untersuchungen beauftragt, bevor sie den Wettbewerb gestartet haben, unter der Frage, ob es funktionieren kann, diese Straße aus dem Verkehrssystem herauszunehmen. Jetzt haben sie diesen Wettbewerb ausgeschrieben. Sie werden einen Sieger haben und dann zum Bürgermeister gehen. Diese Gruppen sind nicht nur Ökologen, sondern es sind ganz verschiedene Interessen in dieser Sache vertreten. Dann wird der Bürgermeister die Prioritäten setzen, um das Projekt nicht von oben nach unten durchzusetzen. Das ist eine ganz andere Denkweise, diese horizontale Planung, die jetzt langsam mit der Informatik in Bewegung kommt. Solche Methodik wird unsere Metiers grundsätzlich verändern.

Rena Wandel-Hoefer: Diese horizontale Planung wird auch nicht die Ressourcen brauchen, die hundert Jahre beanspruchen, um die Fehler zurückzubauen. Mit diesem experimentellen Ansatz kann es sehr viel schneller gehen. Jetzt frage ich mich nur, wenn ich zu einer ganz gegensätzlichen, aber für uns im kommunalen Bereich doch ganz alltäglichen Herausforderung komme: Wie passt zu einer Freiheit und experimentellen Ebene die zunehmende Verrechtlichung, auch zunehmende DIN-Normierung weiterer, berechtigter Ansprüche, beispielsweise von Behindertenkonventionen?

Harald Heinz: Das ist eine These, die oft genannt wird, dass nämlich Richtlinien die Kreativität einschränken. Dem würde ich so nicht zustimmen. Man muss die Richtlinien kreativ nutzen, darauf kommt es an. Es gibt natürlich auch ganz unterschiedliche Ebenen in dieser Richtlinienwelt. Es gibt sehr verbindliche Richtlinien, es gibt aber auch welche, die nur Empfehlungscharakter haben. Unsere Empfehlungen zur Straßenraumgestaltung sind *Empfehlungen* und keine Richtlinien. Man kann Gestaltung nicht mit einer Richtlinie regeln. Oft wird ein Gesamtprojekt in kleine Teile zerhackt, sodass letztlich die Gestalteinheit verlorengeht. Das kann man zum Beispiel durch kommunale, projektbezogene Regelwerke verhindern, wie sie etwa in Berlin üblich sind: Derartige Regelwerke sind dort Grundlage für alle, die in zehn, zwanzig, dreißig Jahren an dem Projekt arbeiten.

Ein Problem liegt allerdings, und da sehe ich eine große Gefahr, in allem, was mit der Straßenverkehrsordnung zu tun hat. Das Gremium, das die StVO regelt – eine Bund-Länder-Kommission – ist der Ansicht: Wir dürfen nichts Neues

09 Times Square, New York 2010

10 Times Square, New York 2014

erfinden, weil alles zunächst einmal der StVO entsprechen muss. Wir müssen aber doch das Recht und die Möglichkeit haben, etwas Neues zu erfinden, und dann muss umgekehrt die StVO darauf reagieren.

Ich nenne ein konkretes Beispiel, die erste städtebauliche Bemessung. Da haben wir auf einer Bundesstraße eine Engstelle gemacht. Die Fahrbahn war nur noch 4,75 m breit. Das war damals revolutionär. 4,75 m für eine Bundesstraße, das ging überhaupt nicht. Dann wurde gefragt: Was für ein Schild stellen wir da auf, damit das Experiment geregelt werden kann? Es gibt in Deutschland ein Schild mit einem roten und einem weißen Pfeil: Die Vorfahrt muss auf jeden Fall geregelt sein, weil der eine ja wissen muss, dass er Vorrecht hat, so hieß es. Wir haben damals gesagt: Nein! Gerade nicht! Das Schild darf da nicht hin. Und es hat wunderbar funktioniert. Alle Verkehrsteilnehmer haben sich dieser Stelle langsam genähert, genauso, wie es gedacht war.

Doch irgendwann ist die Straßenverkehrsbehörde gekommen und hat gesagt: Nein, das geht nicht, das widerspricht allen Regeln. Da muss dieses Schild hin. Und so kam es. Mit dem Ergebnis, dass die einen, die den weißen Pfeil haben, schnell durchfahren. Die Regelung war absolut kontraproduktiv. Viele dieser Schilder, die in Deutschland alle möglichen Dinge regeln, müssten, um es salopp zu sagen, in die Tonne geklopft werden. Dann wäre die Nutzung des Straßenraums wesentlich besser, als sie jetzt ist.

Hartmut Topp: Noch ein Hinweis zur Straßenverkehrsordnung. Ein verkehrsberuhigter Bereich ist nach der Verwaltungsvorschrift zur StVO nur anwendbar bis 4.000 Autos pro Tag. Bei Beispielen, die ich gezeigt habe, waren es 12.000 bis 15.000 Autos pro Tag. Man kann es machen. Es läuft seit Jahren. Man muss die StVO nicht immer ernst nehmen. Ich meine das in dem Sinne, dass es keine rechtlichen Folgen haben muss, etwa, dass man verklagt wird.

Symposium
Neue Wege in der Stadt
Podium II

11 Lindenstraße in Ilmenau

Das kann zwar passieren, ist aber Berufsrisiko. In den genannten Fällen ist die Verkehrsbelastung ja drei- bis viermal so hoch wie nach StVO zulässig. Wer heute, nachdem diese Maßnahmen schon drei oder vier Jahre laufen, den Mut hätte zu sagen: Das geht gar nicht nach der StVO, den würde ich sofort einladen und vor Ort überzeugen wollen. Man kann sich auch in unserer verrechtlichten Welt mehr trauen, als man denkt.

Gisela Stete: Das möchte ich mit einem weiteren Beispiel für eine kreative Auslegung der StVO unterstreichen. Ich gehe mal davon aus, dass Konsens darüber besteht, dass weder DIN-Normen noch die StVO ohne jeden Verstand angewendet werden müssen. Die Verwaltungsvorschrift sagt beispielsweise, dass verkehrsberuhigte Bereiche nur da eingerichtet werden dürfen, wo ein niveaugleicher Ausbau erfolgt. Das ist Unsinn. Es gibt genügend Städte, die dem entgegenwirken konnten.

Die Stadt Freiburg beispielsweise hat mit dem Regierungspräsidium eine Vereinbarung getroffen, dass Straßen, die typische Tempo-30-Straßen mit einer Trennung von Gehweg und Fahrbahn sind, als verkehrsberuhigte Bereiche ausgewiesen werden dürfen. Es geht also mehr. Nach meiner Wahrnehmung ziehen sich viele Verantwortliche hinter die StVO oder irgendwelche DIN-Normen zurück, um gar nicht erst zu wagen, was scheitern könnte.

Rena Wandel-Hoefer: Wir hatten unser Gespräch mit dem rebellischen Charakter begonnen. In welchem Bereich würden Sie denn gerne einmal so etwas wie zivilen Ungehorsam im öffentlichen Raum wagen?

Gisela Stete: Ich würde gerne mehr Kinder und Jugendliche auf die Straße schicken, um sich diesen Raum wieder anzueignen und zu erobern. Dies gilt erst recht, seit die Faszination der digitalen Medien zunehmend die Aufmerksamkeit der Kinder fesselt und ihre Bewegungslust lähmt – worüber nicht nur die Lehrer klagen.

Ich habe oft die Beobachtung gemacht, dass gerade der öffentliche Raum, wie er zum Teil gestaltet, sektoriert und geregelt ist, dazu führt, dass viele Kinder und Jugendliche sich draußen nicht mehr aufhalten oder verunsichert sind, und dass auch viele Eltern Angst haben, ihre Kinder selbständig in den öffentlichen Raum zu entlassen.

Gerade Kinder müssen aber in einer eigenständigen Mobilität unterstützt werden, um den bekannten Mängeln in der motorischen Entwicklung und deren Folgen – wie Haltungsschäden, Übergewicht, fehlende Körperkoordination – gezielt zu begegnen. Das würde ich gerne anstoßen und zur Regel machen: dass sich Kinder und Jugendliche im öffentlichen Raum viel stärker als bisher ihre Rechte nehmen und dass ihre bevorzugten Bewegungsformen – zu Fuß und mit dem Fahrrad – gefördert werden.

Harald Heinz: Ich möchte das noch ein bisschen breiter fassen. Ich wünsche mir, dass die Menschen die Straßen, die wir gestalten, sich aneignen. Sie sollen etwas dort machen können, was wir gar nicht vorgedacht haben. Ein Kollege geht irgendwohin, wo wir etwas gestaltet haben, und sagt dann: Das, was ihr da gemacht habt, das wird ja ganz anders genutzt! Das kann man sich gar nicht vorstellen, was da stattfindet. Die machen alles Mögliche, nur nicht das, was geplant war. – Das ist wunderbar. Das ist genau richtig. Denn dann habe ich richtig gearbeitet. Denn darauf kommt es an, dass die Menschen sich die Räume, die wir machen, selbst aneignen. Die sind ja nicht für uns, sondern für die Leute gemacht.

Alfred Peter: Wir gehen jetzt ins 21. Jahrhundert. Dieses Jahrhundert wird wahrscheinlich das Jahrhundert der Nachhaltigkeit sein. Das heißt, wir können dieses Ziel kollektiv in einen schönen Traum umsetzen. Und das müssen wir nicht mehr mit Schuldgefühlen tun, wie es bisher üblich war, im Gefühl: Wir sind alle Sünder. Das funktionierte gut in unserer Zivilisation, aber jetzt kommen andere Zeiten, in denen Lust an der Kreativität und Freude am Wandel gefragt sind. Wenn wir das in den Straßenraum übersetzen, erinnern wir uns. Wir haben in der Schule gelernt: Wenn wir eine Straße zeichnen, dann muss man zuerst den motorisierten Individualverkehr eintragen, dann den öffentlichen Verkehr, dann den Radverkehr. Und wenn dann noch etwas übrigbleibt, war das für die Fußgänger. In Bordeaux machen wir jetzt den Fußgängerplan. Da ist es genau umgekehrt. Zuerst zeichnen wir den Fußgänger, dann die Radfahrer, dann den öffentlichen Verkehr; und wenn dann noch etwas übrigbleibt, das Auto.

Harald Heinz: Das ist genau der Ansatz der städtebaulichen Bemessung. Leider wird das noch nicht oft genug gemacht – obwohl es sogar in den Richtlinien zur Anlage von Stadtstraßen, in der RASt 06, verbindlich vorgeschrieben ist. Auch wir gehen bei der Planung vom Rand zur Mitte hin. Als ich dieses Vorgehen zum ersten Mal bei einem Straßen- und Verkehrskongress vorgestellt habe, war die erste Frage aus dem Publikum: Was ist denn, wenn in der Mitte nichts mehr übrig bleibt für die Autos? Ich habe geantwortet: „Mir ist eine Straße ohne Auto lieber als eine Straße ohne Menschen."

Rena Wandel-Hoefer: Ich denke, das war ein gutes Schlusswort. Das Thema städtebauliche Bemessung sollte man insofern noch radikaler, rebellischer auslegen und konsequent zu Ende denken. Und dann finden auch die Kinder im öffentlichen Raum wieder ihren Platz.

Ich danke den Experten hier auf dem Podium für ihre Beiträge und lade Sie alle nun herzlich zum Festakt der Preisverleihung ein, dem ein Empfang mit köstlichen Speisen und Gelegenheit für Gespräche in persönlichen Begegnungen folgen wird.

12 Spiel und Sport im Straßenraum

13 Jugendliche im öffentlichen Raum

14 Spielende Kinder vor Brunnenanlage

Preisverleihung
Deutscher Städtebaupreis 2014
Festakt

01 Sixhandsduo im Konzert

02 Nikolay Leschenko, Violine

03 Lidiya Plastun, Klavier

04 Publikum im Weißen Saal des Neuen Schlosses

Preisverleihung
Deutscher Städtebaupreis 2014
Begrüßung

Martin zur Nedden
Präsident der DASL

01

Sehr geehrter Herr Oberbürgermeister, lieber Ulrich Maly, sehr geehrter Herr Schielke, sehr geehrte Damen und Herren, ich freue mich sehr, Sie nach unserem Symposium heute nun zum Hauptakt unserer Veranstaltung, zur Verleihung des Deutschen Städtebaupreises im Namen der Deutschen Akademie für Städtebau herzlich begrüßen zu dürfen. Ich füge auch hier noch einmal hinzu: Wir könnten diese Auslobung und die Verleihung des Preises so nicht gestalten, wenn wir nicht die Wüstenrot Stiftung als wirklich tatkräftige Unterstützung an unserer Seite hätten. Dass Sie, sehr verehrter Herr Dr. Maly als Präsident des Deutschen Städtetages und des Bayrischen Städtetages trotz vieler anderer, gerade aktuell drängender Themen die Zeit gefunden haben, heute bei uns zu sein und uns Ihre Sicht der aktuellen Herausforderungen der Stadtentwicklungspolitik darzulegen, freut und ehrt uns ganz besonders. Nach meiner Kenntnis haben die bayrischen Kurfürsten früher angestrebt, Kurfürstenwürde und deutsche Kaiserwürde zu vereinigen, Sie haben es nun auf anderer Ebene geschafft. Seien Sie herzlich willkommen!

Genauso freut es mich aber auch, dass Sie, Herr Schielke, als Vorstandsvorsitzender der Wüstenrot Stiftung hier bei uns sind und bei dieser Preisverleihung mitwirken. Ich habe es schon gesagt: Ohne die Stiftung könnten wir den Preis in dieser Form nicht durchführen. Es ist mir auch wichtig, darauf hinzuweisen, dass gerade Herr Kurz und Herr Dr. Krämer uns auch inhaltlich sehr intensiv geholfen haben, sowohl bei der Organisation insgesamt als auch bei der Vorbereitung der heutigen Preisverleihung. Dafür danke ich ganz ausdrücklich auch in diesem Rahmen beiden Herren.

Der Deutsche Städtebaupreis kann inzwischen auf eine jahrzehntelange Tradition zurückblicken. Das können nicht viele Preise, gerade in unserem Bereich von Stadtplanung, Architektur und Städtebau. Es gibt eine Reihe von Auszeichnungen, die sich mit unterschiedlichsten Gesichtspunkten am gebauten Objekt oder mit einzelnen Aspekten der Stadtentwicklung beschäftigen – etwa mit der Materialität, wenn ich beispielsweise an den Betonbau-Preis denke. Der Städtebaupreis hingegen würdigt Leistungen im Bereich von Stadtplanung und Städtebau, die eine Stadt in ihrem komplexen Wirkungsgefüge insgesamt behandeln und sich durch ebenso innovative wie nachhaltige Beiträge zur räumlichen Entwicklung und Stadtbaukultur auszeichnen. Wie wichtig gerade dieses übergreifende Denken und die ganzheitliche Sicht auf unsere Aufgaben ist, haben wir heute Nachmittag wieder in den Diskussionsbeiträgen sehr plausibel gehört. Dieser übergreifende Blick ist aus meiner Sicht ein Alleinstellungsmerkmal dieses Preises. Ein solcher Blick ist gerade aktuell angesichts der Herausforderungen, denen die Städte zur Zeit gegenüberstehen, von besonderer Bedeutung. Ich nenne hier nur Klimawandel und Klimaanpassung, den demografischen Wandel und die digitale Revolution, die unsere Städte erheblich verändern werden, aber auch die Segregationstendenzen und neue Formen von Governance: Wie binden wir die Bürgerinnen und Bürger in unsere Planungen, in unsere Projektüberlegungen und deren Umsetzung ein? Zur Bewältigung dieser Aufgaben bedarf es interdisziplinärer, integrierter Ansätze auf der Grundlage der jeweiligen örtlichen Rahmenbedingungen. Es gibt nicht mehr die einfachen Patentrezepte – wenn es sie denn je gegeben hat. Aber, und auch das ist eine wichtige Funktion des Deutschen Städtebaupreises, es gibt eine Menge von Beispielen, aus denen man trotz mancher Unterschiede zwischen den Städten viel lernen kann. Die eingereichten Arbeiten zeigen zum einen die Vielgestaltigkeit der Aufgabenstellungen vor Ort, aber eben auch die Vielfalt erfolgreicher Lösungsansätze sowie eine hohe Qualität zukunftweisender Beispiele.

Ich danke allen Teilnehmern für ihre Mitwirkung: Wir hatten fast einhundert Einreichungen. Sie haben es der Jury nicht leicht gemacht; das gilt sowohl für den allgemeinen Städtebaupreis als auch für den Sonderpreis. Neben den Teilnehmern danke ich den Mitgliedern der Jury und stellvertretend Ihnen, Frau Dr. Wandel-Hoefer, die Sie uns mit leichter Hand, aber doch zielsicher durch diese Jurysitzungen geführt haben, mit einem, wie ich denke, sehr guten Ergebnis.

Wir haben in diesem Jahr die Besonderheit zu verzeichnen, dass zwei Projekte gleichrangig mit dem Deutschen Städtebaupreis ausgezeichnet werden. Im Vorfeld der Entscheidung hat die Jury darüber sehr intensiv diskutiert und das Für und Wider eingehend abgewogen. Im Ergebnis ist sie schließlich zu der Einschätzung gekommen, dass angesichts der gerade angesprochenen Vielgestaltigkeit der aktuellen Aufgaben von Stadtentwicklung und Städtebau und der Breite des Spektrums der Lösungsansätze zu ihrer Bewältigung ein solches Vorgehen gerechtfertigt ist, um die öffentliche Aufmerksamkeit auf diese Vielfalt zu richten. Ein besonderer Dank gilt auch – bei dieser Gelegenheit wieder – Werner Durth, der mit Rat und Tat bei allen offenen Fragen stets erreichbar ist und als Vorsitzender des Wissenschaftlichen Beirats sich in vielerlei Hinsicht immer wieder mit wichtigen Beiträgen in den Prozess, aber auch in die Beratungen der Jury eingebracht hat. Er gewährleistet die Kontinuität des Preises. Und Kontinuität ist auch ein wichtiger Bestandteil von erfolgreicher Stadtplanung und Stadtentwicklung.

Ich danke Frau Gaus und Herrn Haas von der Bundesgeschäftsstelle der Akademie für Städtebau, die gerade im organisatorischen Bereich viel dazu beigetragen haben, dass wir heute hier sitzen, uns an dieser Umgebung und der köstlichen Verpflegung erfreuen können. Ich begrüße und danke Reiner Nagel, Vorstandsvorsitzender der Bundesstiftung Baukultur, der ebenfalls wesentlich zum Gelingen der heutigen Veranstaltung beigetragen hat. Er hat vorhin auch ein Podium moderiert und wird zu den Laudatoren gehören.

Schließlich Ihnen, Frau Dr. Grüger, jetzt schon herzlichen Dank dafür, dass Sie sich als Moderatorin zur Verfügung gestellt haben, um uns durch den heutigen Abend zu führen. Preisträgern, Ausgezeichneten und den mit einer Belobigung Versehenen schon jetzt meinen Glückwunsch für das Geleistete. Aber ich möchte auch noch einmal allen anderen Teilnehmern meine Anerkennung aussprechen und deutlich machen, dass es wichtig ist, sich an solchen Preisen zu beteiligen, weil auch das ein Zeichen des Interesses an einer guten Stadtentwicklung und Voraussetzung unserer Auslobung ist. Ich wünsche uns allen einen interessanten und auch vergnüglichen Abend.

Preisverleihung
Deutscher Städtebaupreis 2014
Begrüßung

Joachim E. Schielke
Vorstandsvorsitzender der Wüstenrot Stiftung

01

Sehr geehrter Herr zur Nedden, sehr geehrter Herr Oberbürgermeister Dr. Maly, mir ist bewusst, meine Damen und Herren, dass viele von Ihnen eine namentliche Erwähnung bei der Begrüßung verdienen. Aber ich glaube, Sie haben Verständnis dafür, wenn ich das jetzt nicht in aller Breite anfange, sondern Sie allgemein herzlich willkommen heiße.

Ich freue mich, dass Sie so zahlreich an dieser Preisverleihung teilnehmen. Herzlichen Dank, Herr zur Nedden, für die freundliche Begrüßung und die anerkennenden Worte zum Engagement der Wüstenrot Stiftung. Sie wissen, dass uns das Thema dieses Abends sehr wichtig ist und wir uns deshalb besonders gerne daran beteiligen.

In der Literatur finden wir viele Quellen dafür, dass wohl jede Generation ihre Zeit als eine Phase besonders schnellen Wandels und heftiger Umbrüche empfindet. Dies gilt auch für uns. Viele Veränderungen, ich nenne beispielhaft die demografischen und wirtschaftsstrukturellen Entwicklungen, stellen uns vor neue, ungewohnte Aufgaben, deren Lösung nicht selten echte Herausforderungen darstellen.

Eine besondere Dynamik scheinen diese Prozesse in den Städten zu zeigen, die zugleich Bühne und Motor des Wandels sind. Gerade hier in unseren Städten und Gemeinden müssen wir frühzeitig reagieren mit beispielhaften und zukunftsweisenden Initiativen, Projekten und Kooperationen. Die Mehrheit von Ihnen, meine Damen und Herren, wird die Wüstenrot Stiftung und ihre breit gefächerte, gemeinnützige Arbeit kennen. Was vermutlich nicht alle wissen, ist, dass wir ein Stiftungsverein sind mit natürlichen Personen als Mitglieder. Dieser Verein wurde 1921 von einem Kreis engagierter Menschen gegründet, die sich, ähnlich wie wir heute, als Teil einer sich rasch ändernden Welt empfunden haben.

Mit ihrem Verein wollten sie einen Beitrag zur Verbesserung des Wohnens und der Lebensqualität möglichst vieler Menschen leisten; sie haben zu diesem Zweck einige Jahre später auch die erste deutsche Bausparkasse gegründet und ihr den Namen Gemeinschaft der Freunde Wüstenrot gegeben. Heute setzen wir in und mit diesem Verein,

02 Transformation und neue Perspektiven in der Stadtentwicklung.
Beispiel: Stadtregal, Ulm

03 Energetische Ertüchtigung und Erhalt der bauzeitlichen Gestaltqualität.
Beispiel: Boschetsrieder Siedlung, München

04 Soziale Gerechtigkeit und ökonomische Wertbeständigkeit in den Quartieren der Nachkriegsjahrzehnte. Beispiel: Wohnquartier Altenhagener Weg, Hamburg

05 Bewahrung des baukulturellen Erbes der Nachkriegsjahrzehnte.
Beispiel: Geschwister-Scholl-Gesamtschule in Lünen von Hans Scharoun

Preisverleihung
Deutscher Städtebaupreis 2014
Begrüßung

06 Das Neue Schloss in Stuttgart

07 Blick in den Weißen Saal

der inzwischen der Mehrheitseigentümer des in Stuttgart und Ludwigsburg ansässigen Konzerns Wüstenrot & Württembergische ist, dieses Engagement in Form einer sowohl operativen, also eigenständigen, als auch fördernden Stiftungsarbeit fort.

Gemeinnützig tätige Stiftungen sind eine moderne Form bürgerschaftlichen Engagements. Sie können mit ihren Projekten und Förderungen wichtige Impulse für die Entwicklung und für die Zukunftsfähigkeit unserer Gesellschaft geben. Die Schwerpunkte der Wüstenrot Stiftung stehen weiterhin im Einklang mit den Intentionen der Frauen und Männer, die unseren Verein gegründet haben. Ähnliches gilt auch für die wirtschaftlich tätigen Unternehmen unseres Konzerns, die auch heute noch auf das Ziel einer Verbesserung der Lebens- und Wohnsituation des Einzelnen und der Sicherung seiner Daseinsvorsorge ausgerichtet sind.

In unserer operativen Stiftungsarbeit widmen wir uns in zahlreichen eigenen Projekten den Herausforderungen, die sich aus der demografischen Alterung unserer Gesellschaft, aus den vielfältigen Formen der Migration, aus kulturellen, technischen und wirtschaftlichen Globalisierungsprozessen oder aus der Anpassung des Gebäudebestands an neue Anforderungen ergeben, wie zum Beispiel dessen energetischen Ertüchtigung. Sobald wir uns mit Gebäuden und mit Städtebau beschäftigen, geht es auch immer um Nachhaltigkeit im Sinne ökologisch verantwortungsvollen Handelns, die Sicherung ökonomischer Wertbeständigkeit und um soziale Gerechtigkeit. Die Bewahrung und Fortführung unseres baukulturellen Erbes ist dafür ein Schlüsselfaktor.

In unserem stiftungseigenen Denkmalprogramm konzentrieren wir uns seit einigen Jahren auf Gebäude des vergangenen Jahrhunderts. Darunter sind zuletzt vor allem die Nachkriegsjahrzehnte in unseren Fokus gerückt. Mit unseren modellhaft durchgeführten Projekten versuchen wir zu zeigen, auf welche Weise wir geschaffene Qualitäten erhalten und für eine weitere lange Nutzung ertüchtigen können.

Aber auch die Bewahrung von anderen Formen kultureller Leistungen in Kunst, Literatur oder Musik hat einen wichtigen Stellenwert in unserer Arbeit. Diese Ausrichtung, baukulturelles Erbe zu bewahren und dabei zugleich frühzeitig auf neue Aufgaben zu reagieren, führt uns auch heute Abend zur Verleihung des Deutschen Städtebaupreises zusammen. Ich freue mich, dass diese festliche Veranstaltung heute im Weißen Saal des Schlosses stattfinden kann.

Städtebauliche Projekte, die innovative und nachhaltige Beiträge für die weitere Entwicklung unserer Städte und Gemeinden bieten, zu finden und als Beispiele vorzustellen, ist unserer Stiftung ein ebenso wichtiges Anliegen wie der Deutschen Akademie für Städtebau und Landesplanung. Das kommt auch dadurch deutlich zum Ausdruck, dass der Vorstand unseres Vereins hier anwesend ist.

Auch wenn wir den Schwerpunkt unserer Stiftungsarbeit in unseren eigenen Projekten sehen, so gibt es doch viele Aufgaben, deren Lösungen wir leichter in Kooperationen mit anderen Partnern finden können. Die Deutsche Akademie für Städtebau und Landesplanung ist ein solcher Partner. Wir freuen uns deshalb, dass wir zur Realisierung des von ihr ausgelobten Deutschen Städtebaupreises 2014 beitragen können. Wie wichtig es uns ist, mit Hilfe dieses Preises zukunftsweisende Projekte für unsere Städte und Gemeinden und für die Gestaltung des öffentlichen Raums zu finden, erkennen Sie nicht nur an unserer finanziellen Unterstützung, sondern eben auch daran, dass unser Geschäftsführer Philip Kurz als Architekt in der Wettbewerbsjury aktiv mitwirkt.

Ohne Zweifel sind die Aufgaben und Herausforderungen nicht gering, für die wir zur Sicherung der Lebensqualität und der Zukunftsfähigkeit unserer Städte geeignete Lösungen finden müssen. Der Deutsche Städtebaupreis zeigt uns immer wieder besonders gelungene Beispiele – nicht nur durch die prämierten Projekte, sondern auch in den vielen weiteren bemerkenswerten Einsendungen, die aufgrund der begrenzten Möglichkeiten nicht alle im Rahmen der Preisverleihung ausgezeichnet werden können. Ihre Zahl und ihre Vielschichtigkeit können uns die Zuversicht geben, mit der wir die anstehenden Aufgaben gemeinsam angehen sollten.

Preisverleihung
Deutscher Städtebaupreis 2014
Festvortrag

Ulrich Maly

Oberbürgermeister der Stadt Nürnberg
Präsident Deutscher Städtetag
Vorsitzender Bayerischer Städtetag

01

Festvortrag
Aktuelle Herausforderungen der Stadtentwicklungspolitik

Einen wunderschönen guten Abend, meine sehr verehrten Damen und Herren. Lieber Martin zur Nedden, lieber Herr Schielke, normalerweise beginnen solche Festreden mit der Feststellung, man sei gerne der Einladung gefolgt. Das ist natürlich nicht wahr. Martin zur Nedden hat mich gezwungen, hier herzukommen, und er hat mich dann noch gelockt mit dem unlauteren Hinweis darauf: Du kommst in den Saal und da sitzen 500 Architekten und Stadtplaner, die müssen dir alle zuhören bis zum bitteren Ende. Das hat mich dann überzeugt, weil ich die Chance nicht ungenutzt lassen will, heute hier aus dem Saal herauszugehen und Sie in der Sehnsucht zurückzulassen, dass die Spitze des Deutschen Städtetags bald ausgetauscht wird.

Ich gehöre zu den Oberbürgermeistern, die aus der Sicht der Stadtplaner die zwei schlimmsten Voraussetzungen erfüllen: Erstens, ich bin nicht vom Fach und, zweitens, ich interessiere mich dafür. Das ist natürlich grausam. Mein früherer Stadtbaurat Wolfgang Baumann wird Ihnen in einer ruhigen Stunde dazu einiges berichten können.

Der österreichische Alltagsphilosoph Karl Kraus hat einmal den schönen Satz geprägt: Von der Stadt, in der ich wohne, erwarte ich mir Asphalt, Straßenspülung, Haustorschlüssel, Heizung und Warmwasserleitungen, sonst nichts, weil: Gemütlich bin ich selber. Ich finde, dass Karl Kraus mit diesem Spruch relativ präzise die Funktionalisierung der Einzeldisziplinen von Stadtentwicklung und Städtebau beschrieben hat. Wenn man heute die Diskussionen in politischen Auseinandersetzungen, in Wahlkampfzeiten zumal, verfolgt, dann gewinnt man immer öfter den Eindruck, dass die Auseinandersetzung zwischen zwei Kandidaten um das Amt des Bürgermeisters der Beauty Contest um die beste Erfüllung der einzelnen Managementdisziplinen der Stadtpolitik ist. Wer baut die schönsten Straßen? Die duftendste Kläranlage und die beste Wasserversorgung?

Das ist aber, glaube ich und Sie als Stadtplaner wissen es, viel zu kurz gesprungen. Überall dort, wo wir uns auf ökonomische Grundfunktionen beschränken lassen oder zwangsbeschränkt werden, werden wir den Aufgaben, die sich uns stellen, nicht gerecht. Solche Sicherung der Grundfunktionen mag vielleicht notwendig sein in den 40 oder 60 Millionen-Städten dieser Welt, um dort den Infrastrukturbetrieb noch einigermaßen aufrechtzuerhalten, aber das wird der Tradition der europäischen Stadt nicht gerecht.

Dann halten wir es schon lieber mit Ernst Bloch, der gesagt hat: Architektur – ich füge hinzu: und Städtebau – ist und bleibt immer noch der Produktionsversuch von menschlicher Heimat. Natürlich ein riskanter Satz, weil der Heimatbegriff einigermaßen diskreditiert ist. Aber nehmen wir ihn genauso, wie Ernst Bloch ihn selber definiert hat, nämlich nicht als geografischen Ort und schon gar nicht als irgendwelche kitschigen Gefühle. Er selber hat ja gesagt: Heimat, das sei das, was uns allen in unsere Kindheit scheint und wo doch noch niemand war, also eine bewusste Distanzierung von Heimat als geografischem Ort und eher die Hinführung von Heimat als Projektionsfläche bleibender Werte, als Sehnsuchtsort und Wurfanker für Identität und Identifikation. So verstanden, macht der Satz für mich schon Sinn, weil ich glaube, dass Architektur, Städtebau, Baukultur dieses genau liefern müssen. Wir sind jetzt hier im Schloss in Stuttgart, und wir wissen, dass gerade das öffentliche Bauen auch heute noch in den meisten Städten, in den Städten, die Zerstörung überlebt oder durch Gemeinschaftsanstrengungen überwunden haben, eigentlich die Gebäude, die Marksteine bieten, mit denen die Menschen sich identifizieren. Es sind in der Regel selten die Gebäude der Nachkriegszeit oder der späteren Nachkriegsmoderne. Es ist oft das öffentliche Bauen, das sich zuvor über Jahrhunderte hinweg entwickelt hat.

Ich will in den folgenden zwanzig Minuten in einigen Zwischenrufen durchaus pointiert die Dinge nennen, von denen ich glaube, dass sie für uns entscheidend sein werden. Ich glaube, dass zwei Phänomene die Diskussion der letzten Jahrzehnte geprägt haben – wie ich jetzt nur holzschnittartig, zugespitzt darstellen kann, um Diskussionen anzuregen. Zum einen ist festzustellen, dass die Politik eine Abkehr von dem ursprünglich mal gegebenen Gestaltungsanspruch in der Stadtpolitik als Stadtentwicklungspolitik vollzogen

02 Halle an der Saale, Altstadt 2015

hat – und hat vollziehen müssen; zum anderen bemerke ich, dass das freundschaftliche Band, das die Fachleute der Stadtplanung und Architektur mit der Mehrheitsmeinung der Bevölkerung verbindet, nicht in jeder Sekunde sichtbar ist. Da weiß ich als Oberbürgermeister, wovon ich spreche. Denn wir sind diejenigen, die meistens dann übersetzen müssen: Das Ergebnis eines Architekturwettbewerbs beispielsweise versteht man als normal Sterblicher nicht. Die Begründung für den Siegerentwurf auch nicht. Wenn das Publikum dann geneigt ist, sich der Ansicht anzuschließen, es sei doch nicht so schön wie angepriesen, dann sind die Jurymitglieder in der Regel schon weg und der Entwurfsverfasser auch. Zurück bleibt der Oberbürgermeister, der das erklären muss, was er eigentlich nicht erklären kann.

Es gibt also einen gewissen Vertrauensverlust zwischen der Bevölkerung, der interessierten, der geneigten Bevölkerung und den Planern, einen Vertrauensverlust, der zum einen resultiert aus der etwas übertriebenen Hybris der Planer der sechziger Jahre, wo man angetreten ist in der Ansicht, man könnte alle Lebensverhältnisse der Menschen ex ante und gar durch Steine und Zement regeln, der – möglicherweise – geprägt ist durch die Trabantenstadtentwicklung der siebziger und durch die „Raiffeisenkassenfilialarchitektur" der achtziger Jahre. Herr Schielke, ich nehme Versicherungen und Bausparkassen ausdrücklich aus. Aber die „Raiffeisenkassenfilialarchitektur", bestehend aus diesem beliebigen Zusammenfügen von Marmor, Granit, poliertem Stahl und gebürstetem Aluminium in Verbindung mit Glas, die kennen Sie alle. Und das prägt die Ausfallstraßen unserer Städte immer noch aufs Allerschönste.

Preisverleihung
Deutscher Städtebaupreis 2014
Festvortrag

03 Vortrag Ulrich Maly

Der eher zwanghafte Teil dieser Verabschiedung aus dem Gestaltungsanspruch waren die Haushaltskrisen Ende der neunziger und Anfang der Nullerjahre, die uns in vielen Städten die Freiheit geraubt haben, frei von dem, der mit Geld winkt, über die Verwendung der knappen Quadratmeter zu entscheiden. Wir hatten verlernt, das sage ich durchaus selbstkritisch, nein zu sagen zu dem, der mit den dicksten Geldscheinen winkt. In vielen Städten, nicht in allen, waren es die Kämmerer – ich war selber Kämmerer vor 2002 –, die gesagt haben: Wer städtischen Boden wegen irgendwelcher romantischen Vorstellungen billig abgeben will, der kann das vergessen. Wir brauchen einen maximalen Ertrag, um unsere Pflichtaufgaben zu erfüllen.

Da ist einiges verloren gegangen. Da hat sich der Gestaltungsanspruch auch in der Politik, auch in unseren Ratsgremien durchaus ein bisschen verabschiedet und ist einer gewissen Elegie gewichen. Ich denke, wenn wir uns heute unsere Städte, natürlich nicht die schicken Zentren, aber andere Teile anschauen, dann stellen wir fest, dass die unsichtbare Hand des Marktes durchaus sichtbare Spuren in unseren Städten hinterlassen hat und dass das keineswegs immer die schönsten waren.

John Maynard Keynes, der gerade heute vom Sachverständigenrat für wirtschaftliche Entwicklung mal wieder exhumiert worden ist – die haben nämlich sinngemäß gesagt: „Es ist ganz schlecht, wenn der Staat sich totspart oder gar die schwarze Null anstrebt!" – hat zur Frage der unsichtbaren Hand des Marktes den schönen Satz geprägt: „Der Kapitalismus basiert auf der merkwürdigen Überzeugung, dass widerwärtige Menschen aus widerwärtigen Motiven schon irgendwie am Ende fürs allgemeine Wohl sorgen werden." Das ist es, was ich gemeint habe, als ich sagte, dass immer dann, wenn wir den Bodenverkehr nur den Euros überlassen, wir am Ende genau das kriegen, was wir verdienen, aber nicht das verdient haben, was wir eigentlich geglaubt haben, kriegen zu müssen.

Ich sehe aber durchaus Chancen. Ich sehe große Chancen, dass die Renaissance von Stadtentwicklungspolitik, auch von nationaler Stadtentwicklungspolitik, von Städtebau und Baukultur in der Zukunft wieder eine Herausforderung ist, die sich bald weiter vorne in den Zeitungen wiederfinden, und die auch in den Stadtratsgremien stärker als bisher und in der Vergangenheit zu Diskussionen führen wird.

Zweiter Zwischenruf in diesem Zusammenhang: Ich denke, wir stehen vor einem Jahrzehnt, in dem die Finanzen als knappste Ressource der Stadtpolitik in der öffentlichen Debatte ersetzt werden durch die Flächen als knappste Ressource in der Stadtpolitik. Natürlich werden wir immer weiter auch über Geld reden und über Geld reden müssen.

Aber wenn wir es ernst nehmen, was wir immer predigen, dass wir eigentlich, um die Dichte der europäischen Stadt zu erhalten, die Innenentwicklung vor die Außenentwicklung stellen und die Suburbanisierung eher verhindern wollen, wenn wir das ernst nehmen, dann haben wir brutale Debatten vor uns, auch mit unserer Bevölkerung, die uns das abstrakte Axiom „Innenentwicklung geht vor Außenentwicklung" immer wieder unterschreibt. Nur, wenn dann die benachbarte Grünfläche betroffen ist, man uns fragt, ob wir einen Schlag haben, weil man die letzte Grünfläche und ausgerechnet diese besonders wertvolle…und so weiter: Ja, das ginge doch nicht!

Wir haben gleichzeitig aber steigende Flächenansprüche, beileibe nicht nur aus der kapitalistischen Entwicklung für Gewerbe, sondern natürlich aus der Notwendigkeit, in wachsenden Städten Wohnbau bereitzustellen, und aus der Notwendigkeit, soziale Infrastruktur zu bauen. Wer von den Praktikern hat nicht an vorhandene Schulen schon Mittagsbetreuungspaläste oder Ganztagspaläste hingepflastert, Schulhöfe zugebaut, aufgeständerte Turnhallen irgendwohin gesteckt? Solche Konflikte wie das Ringen um den letzten Quadratmeter, den wir genauso für die Natur in der Stadt und fürs Stadtklima brauchen, wie wir ihn für alle anderen Funktionen brauchen, werden künftig die Debatten prägen. Die werden spannend.

Wir haben es im Stadtplanungsausschuss meiner Stadt schon öfter erlebt, dass Kollegen sagten: Klar sind wir für Innenentwicklung vor Außenentwicklung. Aber das Villenviertel sollte schon in seiner Prägung einigermaßen erhalten bleiben: Die beiden Forderungen sind schwer in Übereinstimmung zu bringen. Neue Hochhäuser dort, wo schon die anderen stehen? Die Trabantenstädte aus den Siebzigern, die im glücklichen Fall ordentlich durchgrünt sind, weiter so verdichten, dass es dort keiner mehr aushält? Oder nicht doch dort hingehen, wo vielleicht beim Buhlen um den knappen Quadratmeter die Wutbürger am besten organisiert sind? Ich weiß es nicht. Ich weiß auch nicht, was richtig ist. Ich bin mir aber relativ sicher, dass wir alle zusammen, Sie als Fachleute und wir als Politiker, gefragt sind, den Diskurs zu organisieren. In den Städten, in denen die Knappheit explodiert, findet der Diskurs schon statt. Er ist natürlich dort auch nicht unumstritten, in anderen Städten steht er uns noch bevor.

Dritter Zwischenruf: Ich glaube, wir sind alle gut beraten, das, was wir tun im Bereich der Stadtplanung und Stadtentwicklung mit hohem und höchstem Respekt vor dem öffentlichen Raum zu tun. Der öffentliche Raum ist bei den knappen Flächen der Raum, der von den Bürgern immer noch als Gemeineigentum betrachtet wird. Es gibt gerade hier aus Stuttgart aus der Hochzeit der Demonstrationen rund um den Bahnhof eine Szene, die mir prägend ist: In den Spätnachrichten erscheint eine ältere Dame in gutem Kostüm, die laut skandiert gegen diesen Bahnhofsumbau, und der Journalist fragt sie: „Warum regen Sie sich eigentlich so furchtbar auf?" Ihre Antwort war: „Weil das mein Bahnhof ist!" – Es ist ihr Bahnhof. Dieser Bahnhof ist gegen ihren Willen angeeignet worden von „fremden Mächten". Die Menschen erleben, und sie sind sensibel dafür, wenn ihnen öffentlicher Raum eingeschränkt und öffentliche Bauten entzogen werden. Ich bin dankbar, dass Menschen wie diese Dame sensibel dafür sind. Denn das bedeutet, dass es eben genau diese Identifikation und Empathie mit der eigenen Stadt noch gibt, dass es den Menschen nicht egal ist, was mit ihrem Bahnhof passiert.

Die Menschen dulden es nicht mehr, diese Aneignung des öffentlichen Raums durch andere, „fremde Mächte". Die erste, möglicherweise die ruppigste Aneignung des öffentlichen Raums ist die private Aneignung. Überall dort, wo Bürgerrecht durch Hausrecht ersetzt wird, verschwindet die Öffentlichkeit des Raums. Gerhard Matzig, der Architekturkritiker der Süddeutschen Zeitung, hat einmal gesagt, es gäbe in Deutschland Städte, die sollten das rotweiße Flatterband in ihr Stadtwappen aufnehmen. So oft würden sie den zentralen Platz ihrer Stadt absperren, um irgendwelche Events abzuhalten. Das ist dann unter dem Deckmantel der Kultur die öffentliche Aneignung des öffentlichen Raums, aber dann doch wieder bei jeder Einzelveranstaltung die Teilprivatisierung desselben. Das bedeutet den Entzug öffentlichen Raums für den Zugriff der Menschen.

In der historischen Stadt war der Unterschied zwischen dem öffentlichen Raum und dem privaten Raum konstitutiv für die Entwicklung der Demokratie. Individualität, Autonomie und Privatheit konnten nur wachsen in den abgeschlossenen vier Wänden; auf der Agora hat man im besten Fall im Kreis derer, die sich dafür interessiert haben, über das Beste der Stadt diskutiert, im öffentlichen Raum.

Wir erleben heute die Umkehrung beider Sphären. Das Private wird millionenfach öffentlich über die Netze kommuniziert. Das ist heute nicht das Thema, macht aber mich persönlich relativ kulturpessimistisch, weil die Menschen damit genau den Raum, den sie zur Entwicklung ihrer eigenen

Preisverleihung
Deutscher Städtebaupreis 2014
Festvortrag

individuellen Autonomie im Gegensatz zum Gesellschaftswesen brauchen, aufgeben. Und wir erleben umgekehrt die Privatisierung, die Eventisierung des öffentlichen Raums. In dem Maße, wie die Menschen das empfinden, wächst ihre Unduldsamkeit gegenüber den Versuchen der Inbesitznahme des öffentlichen Raums – mittlerweile auch, wie ich denke, gegenüber Planungen.

Der öffentliche Raum ist nötig, um private Sphären und Rückzugsräume zu unterscheiden und zu schützen. Der öffentliche Raum ist nötig, um den Diskurs zu ermöglichen, den es immer noch gibt. Wir haben in Nürnberg – wer Nürnberg kennt, weiß es – einen grünen Markt genau in der Mitte. Dort wird über Politik diskutiert. Zumindest mit mir, wenn ich einkaufen gehe. Das beginnt gern mit dem fränkischen Satz: „Was habt ihr denn wieder für einen Blödsinn gemacht?" – Aber es entwickeln sich daraus oft Gespräche, die Stadtentwicklungsfragen zum Gegenstand haben. Der öffentliche Raum ist daher, ich habe es eingangs gesagt, nötig und wichtig für Orientierung und Kommunikation, für Identität und Identifikation: Weil das mein Bahnhof ist!

Vierter Zwischenruf, zweigeteilt: Wir brauchen, und da müssen wir alle zusammenarbeiten, eine Lösung für den *Clash of Cultures* zwischen Stadtplanern und Bevölkerung. Ich behaupte, dass es den schon gibt. Dazu eine denkwürdige Aussage, ich zitiere: Durch ungeübte Mitwirkung der Öffentlichkeit würden in der Stadtplanung nur Probleme entstehen. Dieser Satz stammt aus einer Entschließung des Deutschen Architektentags von 1977. „Partizipation kann nur eine Minderung der architektonischen Qualität zur Folge haben", so Meinhard von Gerkan damals. Weil das mein Bahnhof ist.

Natürlich machen wir heute alle in Beteiligung, und jeder von uns liebt Bürgerversammlungen, kennt die Rituale. Klaus Selle hat das als Partizitainment bezeichnet, also als das, was Jürgen Habermas schon vor drei Jahrzehnten festgestellt hat: Die deutsche Politik neige dazu, das Publikum nur gelegentlich und wenn, dann nur zum Zwecke der Akklamation einzubeziehen, also der Zustimmung zu dem, was man bereits beschlossen hat. Das sind die Entwicklungen, die uns bewegen müssen, nicht nur die Fachplaner, sondern uns in der Politik genauso, weil die Eckdaten dafür, wie Partizipation definiert wird, ausgesprochen schwierig sind. Bürgerbeteiligung ist keine Mode, kein Pferd, auf das man aufspringt und das man tot reiten kann. Sie ist eine echte Herausforderung. Und gerade weil die Menschen die Identifikation mit ihrem Gemeinwesen fühlen, sind sie auch bereit, sich auf schwierige Diskurse einzulassen. Aber die Spielregeln und die Verbindlichkeiten müssen geklärt sein, ebenso die Zeiträume, in denen Partizipation stattfindet; sie müssen die richtigen sein. Am Ende muss man natürlich nicht pünktlich nach dem Ende der rechtlich vorgeschriebenen Partizipationsprozesse aufhören, sondern bleiben, bis die Kettensäge kommt – vielleicht sogar noch ein bisschen länger.

Klaus Selle hat es sehr schön einmal in einem Aufsatz zusammengefasst: Der Ablauf sei immer der gleiche, es gäbe Foren, Werkstätten, World-Cafés, Stadtspaziergänge und Zukunftskonferenzen. Am Ende eine Festveranstaltung mit Musik und glücklichem Bürgermeister. Einen Monat später im zuständigen Ausschuss eine grundsätzliche Zustimmung zu dem mit der Bürgerschaft gemeinsam entwickelten Plan. Und ein Jahr später dann die Verabschiedung eines völlig anderen Plans. An dem, was Selle schreibt, ist was dran. Sein Plädoyer ist ja nicht das gegen Bürgerbeteiligung, sondern das dafür, dass wir das gemeinsam ernst nehmen und besser machen.

Stadtplanung und Architektur sind letztlich Disziplinen der Kunst. In allen anderen Kunstdisziplinen weigern wir uns in den Städten, uns der plebiszitären Abstimmung zu stellen. Es wird nicht in der Pause einer Oper zwischen den Akten gefragt, wer gerne möchte, dass weiter gesungen werden soll. Es wird nicht bei der Kunstausstellung gefragt, welche Bilder aufgehängt werden. Das entscheiden Intendanten, Regisseure, Dramaturgen, Kuratoren. Sie müssen sich mit dem, was sie produzieren, immer dem Plebiszit stellen, obwohl der künstlerische Teil des Entwurfs sich eigentlich dem Plebiszit entzieht. Ich kann diesen Widerspruch nicht auflösen. Wir werden ihn am Ende nur durch einen strukturierten und gemeinsamen Diskurs auflösen.

Stadtentwicklung per Mehrheitsabstimmung ist möglicherweise genauso schlimm wie Stadtentwicklung per Geldschein. Trotz allem müssen wir die Erkenntnisse der Fachleute und die Wahrnehmung der Bevölkerung zusammenbringen. Räumliches Empfinden, räumliches Wahrnehmen und Gestalten muss ja trainiert werden. Die Misere ungeübter Mitwirkung und ihre Folgen – wir erinnern uns an das aus dem Architektentag stammende Zitat – sind schrecklich: Da ist ja was dran. Das heißt aber in der Konsequenz, dass wir die Menschen in die Lage versetzen müssen, sich an den Partizipationsprozessen vernünftig zu beteiligen. Dabei werden wir nie alle erreichen. Wir werden uns in nicht wenigen Foren nach wie vor mit pensionierten Oberstudienräten auseinandersetzen müssen, was aber alles kein Grund dafür ist, es nicht zu tun. Damit ich nicht missverstanden werde. Ich bin 2002 angetreten mit dem Slogan: Stadtpolitik im Dialog. Leider haben sich das die Nürnberger gemerkt. Was tun, meine Damen und Herren? Ich denke, wir müssen – das ist keine abschließende Aufzählung – auf jeden Fall den Gestaltungsanspruch von Politik und Fachleuten erneuern und leben. Wir müssen, zweitens, nein sagen lernen, auch zu dem, der mit dem meisten Geld winkt. Wir müssen, drittens, öffentliche Räume mit Respekt und Demut in Bearbeitung nehmen: Weg mit dem rotweißen Flatterband!

Wir müssen, viertens, gelegentlich mal im Geräteschuppen aufräumen. Ich glaube, dass die Fokussierung der öffentlichen Politik und der Fachleute auf die guten Stuben unserer Städte nicht gut tut. Wir kümmern uns um die Altstädte, um die Innenstadtviertel, um die Viertel, in denen Gentrifizierung droht, und die Viertel, die abzustürzen drohen. Wir haben daneben aber auch eine Menge völlig ruhiger Geräteschuppen: Mischgebiete, Stadtrandgebiete, die Grenzgebiete zwischen ungeordnetem Gewerbe und früheren Siedlungen, um die wir uns viel zu wenig kümmern. Also nicht nur das Wohnzimmer oder heute mal die Küche aufpolieren, sondern auch im Geräteschuppen aufräumen. Da finden sich Flächen, von denen wir vielleicht gar nicht wissen, dass wir sie noch finden können.

Wir müssen Identifikation und Empathie der Menschen für ihr jeweiliges Gemeinwesen, für die Diskurse nützen und

04 Öffentlicher Raum vor dem Staatstheater, Darmstadt 2014

diese Diskurse, gemeinsam strukturiert, gut organisieren. Wir müssen Übersetzungsarbeit in der Baukultur aktiv angehen: Da ist viel Sprachlosigkeit, die überwunden werden muss. Ich bin überzeugt davon: Gute Baukultur ist Wellness fürs Auge. Manchmal erkennt man es nicht auf den ersten Blick, manchmal dauert es. Manchmal muss Politik auch mutig vorangehen. Denn Politik nach Maßgabe der Demoskopie heißt: Ich frage die Leute immer erst, wie sie es gerne hätten und mache dann so weiter wie bisher. Dann hätten wir heute noch die autogerechte Stadt in der Bundesrepublik Deutschland, weil zu dem Zeitpunkt, als wir begonnen haben, die Autos zurückzudrängen, die Mehrheitsmeinung der Bevölkerung vermutlich noch nicht der Ansicht war, dass sie irgendwann auf die U-Bahn umsteigen soll, sondern dass sie bis zum Mittelpunkt der Stadt mit dem Auto fahren möchte.

Ein Stück voranzugehen heißt manchmal auch, Konflikte auszuhalten und das Risiko des Scheiterns anzunehmen. Nur wer gewappnet ist mit jener Festigkeit des Herzens, die auch dem Scheitern aller Hoffnungen gewachsen ist, nur der hat den Beruf zur Politik – sagt Max Weber. Wir müssen uns wehren gegen die Verbetriebswirtschaftlichung von Stadtentwicklungspolitik als reine Addition unterschiedlicher Managementdisziplinen. Und wir müssen das ernst nehmen, was Georg Simmel vor hundert Jahren schon gesagt hat, dass er nämlich das Gejammer der Bürgermeister und Stadtplaner nicht verstehen mag. Denn jede Stadt, alle Städte, die er kennen würde, hätten keinen Problemüberschuss, sondern einen Überschuss an Möglichkeiten. Den zu nutzen, das ist die Herausforderung der nächsten Jahrzehnte.

Preisverleihung
Deutscher Städtebaupreis 2014
Jury

Zur Arbeit der Jury
Christine Grüger im Gespräch
mit Rena Wandel-Hoefer, Vorsitzende der Jury 2014

01 Rena Wandel-Hoefer und Christine Grüger

Die Mitglieder der Jury 2014

Dr. Rena Wandel-Hoefer
  Stadtdezernentin, Saarbrücken
Prof. Martin zur Nedden
  Präsident DASL, Berlin
Prof. Dr. Hartmut Topp
  Verkehrsplaner, Kaiserslautern
Dr. Markus Harzenetter
  Landeskonservator Westfalen, Münster
Philip Kurz
  Architekt, Geschäftsführer Wüstenrot Stiftung,
  Ludwigsburg
Martina Voser
  Landschaftsarchitektin, Zürich
Prof. Dr. Werner Durth
  Architekt und Architekturhistoriker, Darmstadt,
  Ständiger Gast für den Wissenschaftlichen Beirat

Christine Grüger: Bevor wir nun zum Festakt der Preisverleihung kommen, wollen wir kurz erfragen, wie der Weg bis zur Entscheidung war, wie die Arbeit der Jury gelaufen ist. Wir alle wissen: Der Deutsche Städtebaupreis ist etwas Besonderes. Und das Besondere liegt natürlich im Verfahren und in der Vorarbeit. Diese Jury arbeitet anders als in normalen städtebaulichen Wettbewerben oder Ideenwettbewerben. Deswegen möchte ich gerne Frau Wandel-Hoefer bitten, uns zu berichten, was auch diesmal das Besondere an der Arbeit der Jury war.

Rena Wandel-Hoefer: Zunächst einmal ist es die Kontinuität der Jury selber. Jurymitglieder werden für drei aufeinanderfolgende Preisverleihungen, also für sechs Jahre, gewählt. Der Wechsel sorgt durch alternierende Besetzung der Jury für ständige Erneuerung, gleichzeitig wird durch Überschneidung der Zeiten eine Kontinuität in der Arbeit gesichert. Eine weitere Besonderheit ist die Sorgfalt in der Arbeit der Jury, die in mehreren Schritten bis zur endgültigen Entscheidung die eingereichten Beiträge prüft und bewertet.

Wir haben gehört: Über achtzig Einreichungen waren zu beurteilen. Dieser Fülle von Beiträgen widmet sich die Jury mit einem mindestens drei- bis vierfachen Zeitaufwand gegenüber üblichen Verfahren. In einer ersten Runde nimmt sich die Jury in der Regel zwei Arbeitstage Zeit, um zunächst einmal auszuwählen, welche Projekte in die engere Wahl kommen könnten. Dann werden diese Projekte mit Aussicht auf die Aufnahme in die engere Wahl auf die Jurymitglieder zur Ortsbesichtigung verteilt. Jedes Projekt wird aufgesucht. Die Jurymitglieder verschaffen sich dabei einen persönlichen Eindruck und führen Gespräche mit Mitgliedern der Verwaltung, mit Investoren, mit Architekten, mit Nutzern und Bewohnern, um auch die Alltagstauglichkeit der realisierten Projekte vor Ort zu prüfen. Nach der Besichtigung schreibt jedes Jurymitglied für das von ihm betreute Projekt eine ausführliche Würdigung als Grundlage für die Laudatio, die in Abstimmung mit allen Jurymitgliedern formuliert wird.

Christine Grüger: Sie haben gesagt: Baukultur ist eine Gemeinschaftsaufgabe; und deren Qualität versuchen Sie vor Ort herauszufinden?

Rena Wandel-Hoefer: Wir berichten ausführlich über unsere Bereisungen, die geführten Gespräche und den vor Ort gewonnenen Eindruck. Wir zeigen dazu Fotos, die wir vor Ort selbst gemacht haben. Wir halten uns bewusst nicht an die Hochglanzfotos. Mit der Vorstellung der Arbeiten beginnt dann eine sehr intensive Diskussion in der stets interdisziplinär besetzten Jury. Die Kompetenzen in Architektur, Stadtplanung, Freiraumplanung und Denkmalpflege wurden in diesem Jahr ergänzt – angesichts des Sonderpreises – durch Professor Hartmut Topp als Verkehrsplaner.

Auch diese Projektbesprechungen dauern oft wiederum zwei Tage, an deren Ende etwa 30 Projekte für die Prämierungen ausgewählt werden. Dann wird um die Reihenfolge gerungen. Ich muss sagen, in allen Jurysitzungen, in denen ich bisher dabei war, sind wir immer zu einer einvernehmlichen Reihenfolge gekommen. Es gab bisher nie Kampfabstimmungen über die Projekte.

Eine Besonderheit war in diesem Jahr die Teilung des Preises, weil wir mit zwei sehr unterschiedlichen, auf je eigene Weise herausragenden Projekten die aktuelle Spannweite dringlicher Aufgaben im Städtebau öffentlich sichtbar machen wollten. Auch darin waren wir uns einig.

Christine Grüger: Besten Dank, das waren wichtige Einblicke. Meine Damen und Herren, nach diesem Gespräch darf ich jetzt schon Reiner Nagel ankündigen, der uns die Belobigungen, Auszeichnungen und die Beurteilung des Sonderpreises vortragen wird, Rena Wandel-Hoefer stellt uns die ausgewählten Beiträge zum Städtebaupreis vor.

Reiner Nagel ist Stadtplaner, ist Mitglied im BDA und in der DASL, viele Jahre war er auch kommunalpolitisch aktiv, in Hamburg und in Berlin. Seit 2013 ist er Vorsitzender der Bundesstiftung Baukultur. Diese Stiftung fordert: Baukultur muss in das öffentliche Interesse kommen. Dazu dient in besonderer Weise auch der Deutsche Städtebaupreis. Wir freuen uns, dass Herr Nagel auch an diesem Festakt mitwirkt.

02 Jurymitglied Martina Voser im Gespräch

03 Werner Durth, Ständiger Gast der Jury, und Hartmut Topp, Jurymitglied

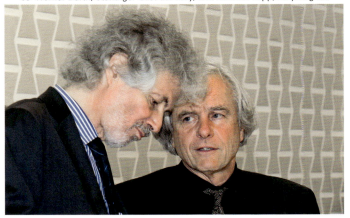
04 Martin zur Nedden, Präsident der DASL und Jurymitglied, im Gespräch mit Julian Wékel, Wissenschaftlicher Sekretär der DASL

Preisverleihung
Deutscher Städtebaupreis 2014
Preisverleihung und Preisträger

01 Gruppenfoto mit Preisträgern und Jury

02 Rena Wandel-Hoefer

03 Hamburg-Wilhelmsburg, Städtebaupreis

04 Hamburg-Wilhelmsburg, Städtebaupreis

05 Bad Hersfeld, Auszeichnung

06 Wettstetten, Auszeichnung

07 Potsdam, Auszeichnung

08 München, Städtebaupreis

09 München, Städtebaupreis

10 Reiner Nagel

11 Kassel, Auszeichnung Sonderpreis

12 Erfurt, Sonderpreis

13 Berlin, Auszeichnung Sonderpreis

Preisverleihung
Deutscher Städtebaupreis 2014
Empfang und Ausstellungseröffnung

01

02

03

04

05

06

07

08

09

10

11

12

Preisverleihung
Deutscher Städtebaupreis 2014
Prämierte Projekte

Der im Jahr 1979 ins Leben gerufene Deutsche Städtebaupreis dient der Förderung einer zukunftsweisenden Planungskultur und Stadtbaukunst. Ausgelobt wird er von der Deutschen Akademie für Städtebau und Landesplanung, gefördert wird er von der Wüstenrot Stiftung.

Mit dem Deutschen Städtebaupreis werden in der Bundesrepublik Deutschland realisierte städtebauliche Projekte prämiert, die sich durch nachhaltige und innovative Beiträge zur Stadtbaukultur sowie zur räumlichen Entwicklung im städtischen und ländlichen Kontext auszeichnen. Dabei sollen die Projekte in herausragender Weise den aktuellen Anforderungen an zeitgemäße Lebensformen ebenso Rechnung tragen wie den Herausforderungen an die Gestaltung des öffentlichen Raums, dem sparsamen Ressourcenverbrauch sowie den Verpflichtungen gegenüber der Orts- und Stadtbildpflege. Der Preis wird in zwei Sparten vergeben. Neben dem „klassischen" Städtebaupreis wird ein Sonderpreis ausgelobt, der der Akzentuierung besonders dringlicher Handlungsfelder im Städtebau und in der Stadtplanung dient. Im Jahr 2014 konzentriert er sich auf integrative und zukunftsweisende Ansätze bei der Verknüpfung von weiterentwickelten Verkehrsarten mit neuen Raumqualitäten und Mobilitätssystemen. Der Titel des Sonderpreises lautet: Neue Wege in der Stadt.

Neue Entwicklungen im Verkehr in konzeptioneller und technischer Hinsicht bieten erweiterte Möglichkeiten nachhaltiger Entwicklungen, aber auch neue Anforderungen an den Raum und erhöhen die Komplexität im Abwägungsprozess der unterschiedlichen Ansprüche: Beschleunigung und Verdichtung des öffentlichen Verkehrs, Ausdifferenzierung der Formen des Radverkehrs, Infrastruktur für Elektromobilität, veränderte Erscheinungsformen der Außengastronomie, Gestaltung von Freiräumen mit hoher Aufenthaltsqualität für unterschiedliche Altersgruppen, um nur einige Faktoren zu nennen, beanspruchen die begrenzt zur Verfügung stehenden öffentliche wie private Räume. Gleichzeitig bieten die neuen Impulse die Chance, den öffentlichen Raum für die Stadt und ihre Bürger zurückzugewinnen. Um diese Chance zu nutzen, bedarf es innovativer Konzepte, entwickelt mit hoher Prozessqualität unter Einbindung der Bürgerinnen und Bürger.

Insgesamt wurden in dem diesjährigen Wettbewerb zum Städtebaupreis 51 Projekte und zum Sonderpreis 33 Projekte eingereicht.

Deutscher Städtebaupreis 2014

Städtebaupreis Hamburg-Wilhelmsburg, Weltquartier
München, Hofstatt, Stadthaus Sendlinger Straße

Auszeichnung Bad Hersfeld, Schilde-Park
Potsdam, Gartenstadt Drewitz
Wettstetten, Neue Ortsmitte

Belobigung Erfurt, Quartiersvitalisierung „Die Schottenhöfe"
Hamburg-Wilhelmsburg, Neue Mitte Wilhelmsburg
Hannover, HANOMAG – Neue Lebens- und Arbeitswelten im Industriedenkmal
Ilmenau, Neubau Technologieterminal
München, Energetische Modernisierung und Lückenschließung, Zornedinger Straße
München, Ganzheitliche Quartiersentwicklung Piusplatz
Weimar, Herderplatz

Sonderpreis
„Neue Wege in der Stadt"

Sonderpreis Erfurt, Neugestaltung des Fischmarkts

Auszeichnung Berlin, Park am Gleisdreieck
Kassel, Ausbau der Goethe- und Germaniastraße

Belobigung Eppingen, Öffentliche Räume der Brettener Vorstadt
Lebach, Bitscher Platz und Umgebung
Leipzig, Umgestaltung Richard-Wagner-Platz
Raunheim, Geh- und Radwegbrücke über den Ölhafen

Preisverleihung
Deutscher Städtebaupreis 2014
Städtebaupreis

Hamburg-Wilhelmsburg
Weltquartier

Umbau einer Werftarbeitersiedlung
mit innovativem Beteiligungsverfahren

Standort
　Hamburg-Wilhelmsburg
Bauherr
　SAGA Siedlungs-Aktiengesellschaft Hamburg
Planer / Architekten
　kfs Krause Feyerabend Sippel Architekten, Lübeck
　Andresen Landschaftsarchitektur, Lübeck
　Knerer + Lang Architekten, Dresden
　Gerber Architekten, Dortmund
　Petersen Pörksen Partner Architekten+Stadtplaner, Hamburg
　Kunst + Herbert Architekten, Hamburg
　Dalpiaz + Giannetti Architekten, Hamburg
　Breimann + Bruun Landschaftsarchitekten, Hamburg
in Zusammenarbeit mit:
　IBA Hamburg GmbH

01 Luftbild Weltquartier während des Umbaus, Juli 2013

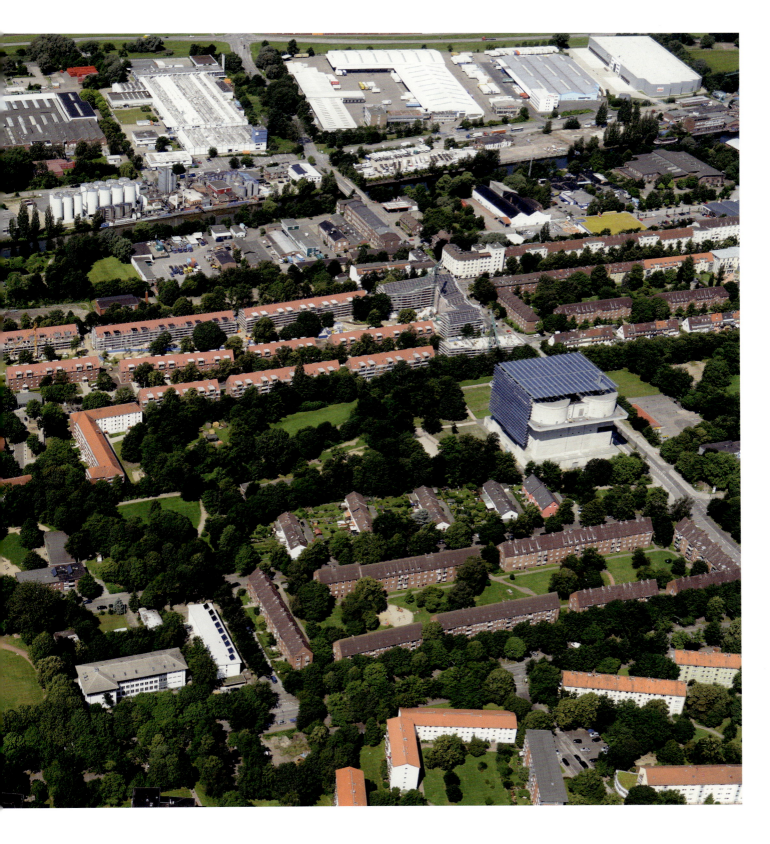

Preisverleihung
Deutscher Städtebaupreis 2014
Städtebaupreis

Hamburg-Wilhelmsburg
Weltquartier

02 Luftbild Weltquartier vor dem Umbau, 2008

03 Schwarzplan Sanierung im Weltquartier

04 Dachaufsicht auf die Neubauten im Norden des Weltquartiers

Hamburg–Wilhelmsburg – zwischen Norderelbe und Süderelbe und in unmittelbarer Hafennähe gelegen – entstand auf einer Insel, die durch den Zweiten Weltkrieg und die Flut von 1962 besonders hart getroffen wurde und sich seither in einer scheinbar unaufhaltsamen Abwärtsspirale befand.

Eine breite Palette an städtebaulichen Mustern aus verschiedenen Epochen zeugt von unzähligen Versuchen, der Insel positive Impulse zu geben. Die größtenteils in den 1930er-Jahren für die wachsende Zahl der Hafenarbeiter erbaute Siedlung der SAGA GWG liegt im südlichen Reiherstiegviertel. Trotz des massiven Sanierungsbedarfs war die typische Hamburger Backsteinsiedlung bei den aus über 30 Herkunftsländern stammenden Bewohnern sehr beliebt. Um der interkulturellen Nachbarschaft Rechnung zu tragen, wurde die frühzeitige Mitwirkung zum zentralen Element des Umbauprozesses. Im Rahmen der IBA Hamburg 2013, deren drei Leitthemen „Kosmopolis", „Stadt im Klimawandel" und „Metrozonen" waren, startete ab 2007 ein einmaliger, sämtliche Kulturen vor Ort verbindender Planungsprozess.

Die „Interkulturelle Planungswerkstatt" zeichnete sich durch das Einladen und Abholen der Bewohner an ihrer eigenen Wohnungstüre aus. Sogenannte „Heimatforscher" – mehrsprachige Studierende der Universität Hamburg – klingelten an den Türen und fragten die Menschen in ihrer Muttersprache nach ihrer Vorstellung von Heimat. Durch diese direkte Kommunikation konnte das Vertrauen in einen den meisten Bewohnern fremden Beteiligungsprozess geschaffen werden. In draufolgenden Workshops wurden Wünsche an die Wohnungsgrundrisse und die Freiräume diskutiert.

Die Ideen dieser „Interkulturellen Planungswerkstatt" flossen als Empfehlungen in das Programm für den städtebaulichen und freiräumlichen Wettbewerb. Die wichtigsten Wünsche der Bewohner wie das Beibehalten des Gewerbehofes, ein neues Quartierzentrum, gut anzueignende Außenräume, das Ausformulieren von Treffpunkten bei den Eingangssituationen oder der familiengerechten Grundrisse mit vielen kleinen Zimmern sind mit dem ausgeführten Projekt umgesetzt worden.

Das Projekt überzeugt sowohl auf städtebaulicher als auch architektonischer Ebene durch maßvolle, präzise gesetzte Eingriffe. Die Setzung der Neubauten generiert einen langen ruhigen Hof, der durch die neuen Querbezüge im Dialog mit der ganzen Siedlung steht. Überzeugend ist die neue Durchlässigkeit zum Weimarer Platz hin, der mit den aktivierten Erdgeschossen und dem Gemeinschaftspavillon das Siedlungszentrum bildet. Die Gebäude wurden bezüglich Statik, Energie und Brandschutz saniert, zudem wurde gartenseitig eine zwei Meter breite Schicht angebaut, wodurch jede Wohnung einen größeren Wohnraum und einen privaten Außenraum erhält. Trotz der verbesserten Wohnqualität sind die Mietpreise dank der sehr niedrigen Energiekosten jetzt praktisch unverändert: Der im Rahmen der IBA erstellte „Energiebunker", der über 3000 Wohnungen mit Wärme versorgt, macht dies möglich.

Der sorgfältige Umgang mit der Bewohnerschaft zeigt sich nicht nur in den fortlaufenden Partizipationsprozessen, wie etwa in der gemeinsamen Gestaltung des Kinderspielplatzes oder der Gartenkurse. Dank des Ansiedelns des Projektbüros vor Ort konnte während des Umplatzierungsprozesses auf Wünsche eingegangen werden, wodurch sich der Wohnungsmix ständig änderte. Die Siedlung beeindruckt durch eine einladende, großzügige Stimmung mit starkem, Identität stiftendem Charakter. Der vom wertvollen Baumbestand geprägte Hof ist vielseitig bespielt und benutzt. Freiraumkonzept und Architektur schaffen einen starken aber zurückhaltenden Rahmen, der durch die unterschiedlichen Bewohner vielfältig und bunt ausgemalt wird. Gemeinsam ist es den Projektbeteiligten gelungen, auf sozialer, partizipativer und gestalterischer Ebene eine angemessene Sprache zu finden, sodass das Weltquartier für viele Menschen unterschiedlicher Herkunft zur neuen Heimat wurde.

Preisverleihung
Deutscher Städtebaupreis 2014
Städtebaupreis

Hamburg-Wilhelmsburg
Weltquartier

05 Straßenansicht des Torgebäudes im Norden des Weltquartiers

06 Neugestalteter Spielplatz

07 Blick auf den mäandrierenden Weg im Innenhof

08 Blick in den Innenhof des Weltquartiers mit Garteninseln, den umgebauten Altbauten, einem neuen Passivhaus und dem Welt-Gewerbehof

Preisverleihung
Deutscher Städtebaupreis 2014
Städtebaupreis

Hamburg-Wilhelmsburg
Weltquartier

09 Bewohner in der Interkulturellen Planungswerkstatt

10 Heimatforscher und Bewohner im Weltquartier

11 Banner „Was ist Heimat?" aus dem Weltquartier

Preisverleihung
Deutscher Städtebaupreis 2014
Städtebaupreis

München
Hofstatt, Stadthaus Sendlinger Straße

Urbane Verdichtung – Mitten in München

Standort
　Sendlinger Straße 8, München
Bauherr
　LBBW Immobilien GmbH vertreten durch Hines Immobilien GmbH, Stuttgart
Planer / Architekten
　Meili, Peter GmbH, München
in Zusammenarbeit mit
　ITS Ingenieurgesellschaft mbH, Gotha
　Lichtraum3, Weimar
　Emch + Berger, Berlin
weitere Beteiligte:
　Vogt Landschaftsarchitekten AG, Büro Berlin
　Keller, Damm, Roser Landschaftsarchitekten, München
　CLMap GmbH, München
　Peuker Gebäudevermessungen, München
　CBP GmbH, München
　bwp Burggraf und Reiminger beratende Ingenieure GmbH, München
　m + e consult GmbH, Dresden
　Müller-BBM GmbH, Planegg
　Lang + Burkhardt, München
　Büro für Gestaltung Wangler & Abele, München
　FTB Ingenieurbüro für Fördertechnik, Utting am Ammersee
　Wilfried Wang, Hoidn Wang Partner, Berlin
　Glock Liphart Probst und Partner, München
　Büro für Denkmalpflege, Dr. Christian Behrer in Regensburg,
　Thomas Hacklberger in Utting am Ammersee

01　Luftbild, Hofstattareal

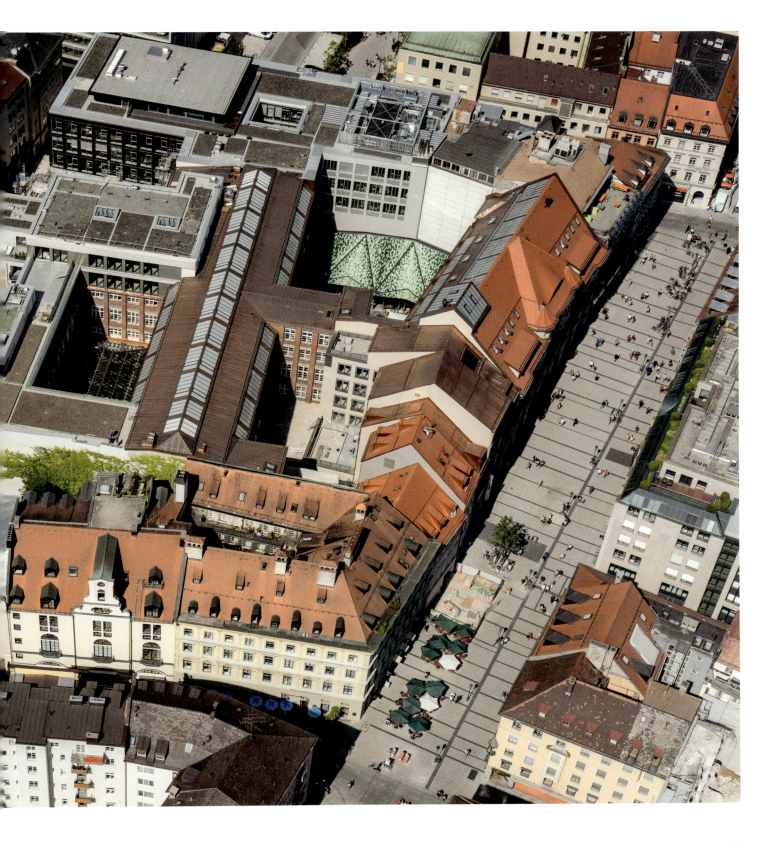

Preisverleihung
Deutscher Städtebaupreis 2014
Städtebaupreis

München
Hofstatt, Stadthaus Sendlinger Straße

Das Projekt „Hofstatt München" umfasst überwiegend das ehemalige Gelände des Süddeutschen Verlages in der Münchener Innenstadt zwischen Sendlinger, Hacken-, Hotterstraße und Färbergraben, sowie an der Sendlinger Straße das ehemalige Grundstück der Abendzeitung. Die Nutzungen verteilen sich in Wohnen, Büro sowie Einzelhandel. Unterirdisch sind die Gebäude mit bis zu drei Untergeschossen miteinander verbunden. Der Entwurf stellt sich der Aufgabe, in dieser zentralen Lage die urbane Form einer starken Verdichtung zu suchen und gleichzeitig die Eigenart der vorhandenen Denkmäler und die Besonderheit der gewachsenen Bebauungsstruktur des Blocks zu erhalten. Hierfür wurden die einzelnen Gebäude individuell entwickelt und ihrer Lage im Stadtgefüge und ihrer Funktion folgend als eigenständige Teile entworfen. Außerdem wurde das abgeriegelte Geviert im Zuge des Projekts durch eine Passage der Öffentlichkeit zugänglich gemacht.

Durch das die Autonomie der einzelnen Teile respektierende Entwurfsprinzip konnten benachbarte Gebäude während des Projektverlaufs noch zusätzlich in den Perimeter einbezogen werden, sodass die abschließende Geometrie der Passage eine zusätzliche Vernetzung der Hofstatt über die Dultastraße in Richtung Jakobsplatz ermöglicht. Die sieben auf diese Weise entstandenen Gebäude mit teilweise mehreren Gebäudeteilen wurden entsprechend ihres Verhältnisses zu den unmittelbaren Nachbarn, ihrer individuellen Geschichte sowie den funktionalen Anforderungen entwickelt. So folgen zum Beispiel die Wohnungen an der Hotterstraße einem bewegten statischen Prinzip, um mit der dadurch möglichen weitgehend freien Anordnung der Wände in der dichten räumlichen Situation einen an jeden Ort angepassten Grundriss mit guter Belichtung sicherzustellen.

Die Entwurfsteile wurden im Erdgeschoss durch eine organische Form wie frei gegeneinander schwingende Bänder miteinander verbunden und zusammengefasst, wobei ein attraktiver, offener Durchgang mit Höfen den Gebäudekomplex für Passanten erschließt. Durch dieses Formprinzip wurde zudem auf elegante und unangestrengte Weise den vielen denkmalgeschützten Stützen der einzelnen Gebäudeteile ausgewichen.

Leider fiel dem Projekt Hofstatt das 1971 erbaute „Schwarze Haus" von Detlev Schreiber zum Opfer – trotz der Feststellung seiner Denkmaleigenschaft durch das Bayerische Landesamt für Denkmalpflege als herausragendes Beispiel der Nachkriegsmoderne in München. Trotzdem aber bietet das Projekt „Hofstatt München" im Sinne eines anpackenden und ganz eigenständigen Weiterbauens und durch die sieben sehr unterschiedlichen Gebäude eine angemessene und maßstabgerechte Fortschreibung der städtischen Situation – ohne diese Lösung mit großmaßstäblichen Mitteln zu erreichen. Die Öffnung und die Verbindung zur Stadt stellen ebenso wie die hohe architektonische Qualität einen wesentlichen Gewinn und deutliche Aufwertung für das Stadtquartier dar. „Hofstatt München" ist ein neues Stück Stadt, das, gerade wegen seiner Hochpreisigkeit, an diesem Ort für die Stadtgesellschaft angemessen und richtig ist.

02 Passageneingang, Sendlinger Straße, Bauteil E/F

03 Innenstadtlage Hofstatt, Schema des Quartiers und der Passage

Preisverleihung
Deutscher Städtebaupreis 2014
Städtebaupreis

München
Hofstatt, Stadthaus Sendlinger Straße

04 Passageneingang, Sendlinger Straße, Bauteil E/F

05 Hofansicht, Neubau, Bauteil B

Preisverleihung
Deutscher Städtebaupreis 2014
Städtebaupreis

München
Hofstatt, Stadthaus Sendlinger Straße

06 Innenhoffassade E

07 Ellipse, Bauteil Passage

08 Bauteil Passage, Eingang Färbergraben

09 Innenhof, Bauteil E

10 Innenhof mit Gastronomie

11 Innenhof

Preisverleihung
Deutscher Städtebaupreis 2014
Auszeichnung

Bad Hersfeld
Schilde-Park

Standort
Benno-Schilde-Straße (nördlich der Innenstadt), Bad Hersfeld
Bauherr
Kreisstadt Bad Hersfeld
Planer / Architekten
Wette + Küneke Landschaftsarchitekten, Göttingen
Kleineberg + Partner, Braunschweig
NH ProjektStadt, Kassel
WAGU GmbH, Kassel

In Bad Hersfeld, einer kleineren Mittelstadt mit knapp 30.000 Einwohnern, bot sich im 2008 mit der Verlagerung der Firma Grenzebach BSH GmbH – einer Nachfolgerin der Benno Schilde BSH – in ein Gewerbegebiet am Stadtrand die Chance, ein rund 5,5 ha großes, nahezu vollständig überbautes Industriegelände in unmittelbarer Altstadtnähe neu zu entwickeln. Um den Konversionsprozess im Sinne einer ganzheitlichen Stadtentwicklung besser steuern zu können, hat die Stadt das Areal der Industriebrache erworben.

Die erste Vision war zunächst die Umwandlung der Industriebrache im Zuge der 5. Hessischen Landesgartenschau 2014 und anschließend eine nachhaltige Nutzung als Stadtpark. In sehr intensiven Bürgerbeteiligungsforen im Frühjahr 2007 wurde ein Gesamtkonzept für die Nachnutzung des Geländes als Stadtpark, für die Freilegung der auf rund einem halben Kilometer überbauten Geis, sowie für die Einbeziehung und Nutzung der vier denkmalgeschützten ehemaligen Produktionsgebäude in die Gesamtplanung entwickelt. Gesteuert wurde dieser Prozess durch die Landschaftsarchitekten Wette + Küneke aus Göttingen, verstärkt durch das auf Gewässerrenaturierung spezialisierte Ingenieurbüro WAGU aus Kassel, sowie die Architekten Kleineberg + Pöhl aus Braunschweig, die mit den Planungen zum Umgang mit den denkmalgeschützten Gebäuden auf dem Areal betraut wurden.

Der Magistrat der Stadt Bad Hersfeld bestätigte im Juli 2007 die bürgerschaftlich erarbeiteten zentralen Planungsaussagen: Verzicht auf eine Verdichtung dieser hochwertigen Innenstadtlagen mit Gewerbe und Wohnen, sondern Setzung neuer gartenarchitektonischer, kulturwirtschaftlicher, sozialer und ökologischer Schwerpunkte. Dieses Konzept blieb auch in seinen Kernbestandteilen bestehen, obwohl die Landesgartenschau letztlich nicht nach Bad Hersfeld vergeben wurde. In der Umsetzung ab 2011 erlangte der Umgang mit Wasserfragen besondere Bedeutung: Die Wiederfreilegung der über längere Strecken unterirdisch verlaufenden Geis, einem kurzen Zufluss der Fulda, und die naturnahe Gestaltung der wassertechnisch verbauten offenen Teile des Bachverlaufes werten den Schilde-Park deutlich auf. In einem ganz wörtlichen Sinne wurde mit dem riesigen zentralen „Wassertisch" das Thema Wasser in die Mitte des Parkes – nicht ganz glücklich „Plaza" genannt – gesetzt.

Die Denkmäler der Industrienutzung wurden allesamt öffentlichen oder halböffentlichen Nutzungen zugeführt, sei es als Außenstelle für die Technische Hochschule Mittelhessen, als überbetriebliche Lehr- und Lernwerkstatt für metallverarbeitende Berufe, als Veranstaltungshalle oder als Museum: Die 1912 für Forschungs- und Entwicklungszwecke für die Benno Schilde Maschinenfabrik und Apparatebauanstalt errichtete Backsteinhalle mit einem 12 Meter hohen Mittelschiff und filigranen Eisenstützen wurde einer tiefgreifenden, jedoch denkmalgerechtem Modernisierung unterzogen, um eine Nutzung als Veranstaltungsort für bis zu 1.200 Besuchern zu ermöglichen. Gegenüber liegt das Erlebnismuseum „wortreich", das interaktiv in die Themenfelder Sprache und Kommunikation einführt. Am Ende einer aufwändigen Konversion steht heute ein großzügiger, modern gestalteter Stadtpark, um den sich wichtige Kultur- und Bildungseinrichtungen gruppieren. Es ist zu wünschen, dass das gestalterische Niveau der bisherigen Maßnahmen auch für die verbleibenden Aufgaben des Umgangs mit der entsiegelten Freifläche im östlichen Teil aufrechterhalten bleibt.

01 Luftbild 2009

02 Schrägaufnahme, Abriss 2010

03 Schrägaufnahme, 1. Bauabschnitt Sommer 2011

04 Schrägaufnahme, Fertigstellung Herbst 2011

05 Lageplan

Preisverleihung
Deutscher Städtebaupreis 2014
Auszeichnung

Bad Hersfeld
Schilde-Park

06 Plaza bei Nacht

07 Open-Air-Veranstaltung auf der Plaza

09 Plaza, 2012

08 Plaza mit Wassertisch, 2012

10 Plaza, 2011

11 Veranstaltungshalle

12 Schallschutzwand, 2012

13 Ausstellung „wortreich", 2011

14 Ausstellung „wortreich", 2011

15 Ausstellung „wortreich", 2011

Preisverleihung
Deutscher Städtebaupreis 2014
Auszeichnung

Potsdam
Gartenstadt Drewitz

Standort
Potsdam, südöstlicher Stadtrand, Großwohnsiedlung Drewitz
Bauherr
Landeshauptstadt Potsdam
ProPotsdam GmbH
Planer / Architekten
Pia von Zadow Landschaftsarchitekten, Potsdam
Stadt-Land-Fluss Büro für Städtebau und Stadtplanung, Berlin
PROJEKTKOMMUNIKATION Hagenau GmbH, Berlin
in Zusammenarbeit mit
DR. BRENNER INGENIEURGESELLSCHAFT MBH, Aalen
Merkel Ingenieur Consult, Kiel

Das Projekt „Gartenstadt Drewitz" zeigt beispielhaft, wie ein Stadtquartier, das sich aufgrund seiner Entstehungsgeschichte und der daraus resultierenden städtebaulichen Struktur, seiner Bevölkerungszusammensetzung und seiner räumlich isolierten Lage, um nur einige Faktoren zu nennen, zum „Problemquartier" entwickelt hatte, durch eine integrierte Entwicklungsstrategie, Engagement von Akteuren der öffentlichen Hand, der Eigentümer und der Bürgerschaft sowie innovative Maßnahmen einen erfolgreichen Transformationsprozess zu einem an den Nachhaltigkeitszielen orientierten und damit zukunftsfähigen Stadtteil durchlaufen kann.

Das Entwicklungskonzept umfasst alle maßgeblichen Handlungsfelder. Richtigerweise wird die grundsätzlich qualitätvolle städtebauliche Struktur erhalten. Eine behutsame Nachverdichtung an dafür geeigneten Stellen trägt der steigenden Wohnungsnachfrage Rechnung, erweitert die Typenvielfalt des Wohnungsangebotes und erhöht damit dessen Attraktivität für unterschiedliche Nachfragegruppen. Die Weiterentwicklung eines ersten „Modellblocks" zu einem energetisch optimierten, barrierefreien Wohnblock zeigt zum einen die Entwicklungspotenziale dieses Gebäudetyps und zum anderen aber auch die Bedeutung der Wohnungsbauförderung, ohne die die Finanzierung der Maßnahmen bei gleichzeitiger Einhaltung einer Mietobergrenze von 5,50 Euro nicht möglich gewesen wäre.

Das durchdachte Verkehrskonzept fördert durch eine erhebliche Reduzierung der Flächen für den fließenden und ruhenden motorisierten Individualverkehr, Schaffung neuer attraktiver Wegeverbindungen für Fußgänger und Radfahrer und Nutzung der Potenziale der hervorragenden ÖPNV-Verbindung den Umweltverbund. Das Freiraumkonzept nutzt die sich durch die Reduzierung der Verkehrsflächen ergebenden Möglichkeiten zur Schaffung eines attraktiven, multifunktionalen öffentlichen Freiraums. Durch maßvolle Umgestaltung wird die Differenzierung von öffentlichen, halböffentlichen und privaten Grünräumen präzisiert. Das sorgfältig erarbeitete Energiekonzept baut richtigerweise auf der vorhandenen Fernwärmeversorgung auf, ergänzt dieses unter anderem durch Sonnenkollektoren und legt großes Gewicht auf Maßnahmen unterschiedlichster Art zur Verbrauchsreduzierung.

Besondere Erwähnung verdient der intensive Beteiligungsprozess. Durch ihn ist es gelungen, anfängliche Skepsis bei Eigentümern und Bewohnern in Engagement und Identifikation umzuwandeln. Auf die beispielhafte Kooperation zwischen Quartiersmanagement und Grundschule sei besonders hingewiesen. Die Erfolge der Umsetzung des Konzeptes in den letzten Jahren lassen erwarten, dass auch die weitere Realisierung und damit zum Beispiel die beabsichtigte wichtige Umgestaltung des besonderen Bahnkörpers der Straßenbahn erfolgreich verlaufen wird.

01 Konrad-Wolf-Allee vor Umbau, April 2012

03 Situation 2012 mit städtebaulichen Problemen

02 Luftbild 2012

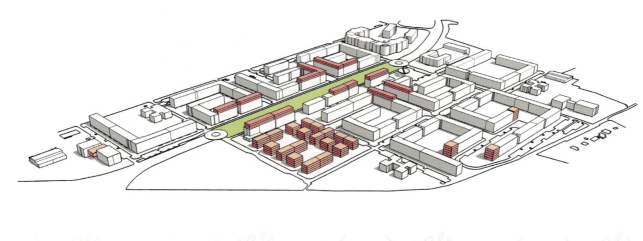

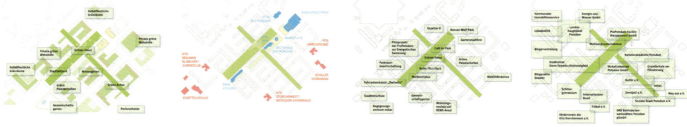
04 Masterplan in 3D-Darstellung mit einer Auswahl an Konzepten: „Energisch grün", „Infrastruktur", „Projektbeteiligte", „Projekte der Gartenstadt"

Preisverleihung
Deutscher Städtebaupreis 2014
Auszeichnung

Potsdam
Gartenstadt Drewitz

05 Konrad-Wolf-Allee, März 2014

06 Workshops und Arbeitsgruppen

07 Konrad-Wolf-Allee, März 2014

08 Begrünung und Spielplatz-Bau

09 Jury-Siedlungsbegehung 2014

11 Jury-Siedlungsbegehung 2014

10 Luftbild 2014

12 Sanierung und Instandsetzung der Siedlung

Preisverleihung
Deutscher Städtebaupreis 2014
Auszeichnung

Wettstetten
Neue Ortsmitte

Standort
Kirchplatz 72, Wettstetten
Bauherr
Gemeinde Wettstetten
Planer / Architekten
Bembé Dellinger Architekten und Stadtplaner GmbH, Greifenberg
in Zusammenarbeit mit
Grad Ingenieurplanungen, Ingolstadt
Ingenieurbüro Büro Scholl, Stammham/Appertshofen
Eberhard von Angerer, München

Die wenige Kilometer nördlich von Ingolstadt gelegene Gemeinde Wettstetten stand vor der Aufgabe, ausreichende und zeitgemäße Räume für die Gemeindeverwaltung zu schaffen. Das bisherige Rathaus, ein ehemaliges Schulgebäude, genügte den Anforderungen einer prosperierenden Gemeinde nicht mehr, deren Einwohnerzahl sich in den letzten zwei Generationen auf heute knapp 5.000 mehr als verfünffacht hat. Mit seiner Entscheidung, den Sitz der Verwaltung auch künftig am alten Standort – unmittelbar neben der kath. Pfarrkirche St. Martin – zu belassen, ging es dem Gemeinderat bewusst um eine Stärkung der historischen Ortsmitte, die nach wie vor ein dörfliches Gepräge besitzt. Der Erwerb mehrerer leer stehender Gebäude in Nähe des alten Rathauses ermöglichte eine grundsätzlichere Auseinandersetzung mit der Neuordnung der Ortsmitte. In einer Klausurtagung des Gemeinderates im Januar 2009 unter Leitung des damaligen Bürgermeisters Hans Mödl wurden folgende Vorgaben formuliert: Neben einem reinen Verwaltungsbau sollte ein Sitzungssaal mit einem Bürgersaal in einem eigenen Gebäude untergebracht werden; ein weiteres Gebäude sollte eine Sozialstation mit Altentagespflege und einem Kinderhort aufnehmen.

Dieses Nutzungsprogramm sowie die Zielsetzung, die hier beheimatete Jurahaus-Bauweise in moderner Form weiter zu entwickeln, wurde Grundlage für einen 2009 durchgeführten städtebaulichen Ideenwettbewerb, an dem sich zwanzig Architekturbüros beteiligten. Der erste Preis ging an Bembé Dellinger Architekten und Stadtplaner Greifenberg, die auch mit der Realisierung beauftragt wurden. Das städtebauliche Ensemble aus drei aufeinander Bezug nehmenden Bauten ist keineswegs gleichförmig, vielmehr differenzieren sich die Bauten entsprechend der unterschiedlichen Funktionen klar – bei aller erkennbaren Einheitlichkeit in der architektonischen Handschrift. Mit der flachen, jedoch bewusst asymmetrischen Satteldachlandschaft der Bauten gelingt der Bezug zur tradierten Hauslandschaft, die prominent durch den nahegelegenen Pfarrhof mit Kalkplattendach aus dem 17. Jahrhundert vertreten ist. Die geschickte Nutzung der Topographie ermöglicht einen hohen Bürgersaal bei annähernd gleich hoher Traufe der in rechtem Winkel zueinander stehenden Verwaltungs- und Versammlungsbauten. Auch das gewählte Material der Fassaden mit ihrem geschlämmten Ziegelmauerwerk steht in der örtlichen Bautradition. Entstanden sind auch zwei durch einen Baum mit einem kreisrunden Vorgelege artikulierte Plätze, die eine Aufenthaltsqualität schaffen.

Die Jury des Deutschen Städtebaupreises zeigte sich überzeugt von der hohen baukünstlerischen Qualität des Entwurfes und seiner Umsetzung, die der Kleinteiligkeit der Bauten einer ländlichen Gemeinde gerecht wird. Entstanden sind Innen- und Freiräume für soziale und kulturelle Unternehmungen, die einen neuen Akzent in den Ort einbringen und sich dennoch sehr selbstverständlich in den historischen Ortsgrundriss integrieren.

01 Rathausplatz

02 Luftbild

03 Schwarzplan

04 Lageplan

05 Lageplan mit Bürgersaal, Altentagespflege, Verwaltung

Preisverleihung
Deutscher Städtebaupreis 2014
Auszeichnung

Wettstetten
Neue Ortsmitte

06 Blick auf die Ortsmitte

07 Neue Ortsmitte mit historischem Kirchturm

08 Referenz Jurahaus

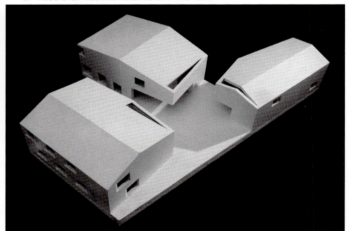
09 Modellfoto

10 Eingang

11 Innenräume

13 Besprechungsraum

12 Bürgersaal und Verwaltungsgebäude

Preisverleihung
Deutscher Städtebaupreis 2014
Belobigung

Erfurt
Quartiersvitalisierung „Die Schottenhöfe"

Standort
Gotthardstraße, Schottenstraße, Schottengasse, Erfurt
Bauherr
CULT Bauen & Wohnen GmbH, Erfurt
Planer / Architekten
Osterwold°Schmidt EXP!ANDER Architekten BDA, Weimar
in Zusammenarbeit mit
Hennicke + Dr. Kusch, Weimar
Manes electro GmbH, Erfurt
Steffen Beck HLS, Wandersleben
IBP, Erfurt
plandrei Landschaftsarchitektur GmbH BDLA, Erfurt
Die Lichtplaner, Limburg

Das Areal mit historischer Bausubstanz des 18. und 19. Jahrhunderts in unmittelbarer Nachbarschaft zur mittelalterlichen Krämerbrücke stellt heute ein Vorzeigeprojekt ganzheitlicher strategischer Stadterneuerung in Erfurt dar. Die Ausgangslage ließ eine so positive Entwicklung nicht erwarten: Für das überschuldete Grundstück gab es aus den 1990er Jahren die Baugenehmigung für hoch verdichteten, spekulativen Wohnungsbau.

Die Schottenhöfe verdanken ihre Entstehung dem Engagement der neuen Investoren CULT Bauen und Wohnen Erfurt, dem Können der Architekten Osterwold Schmidt, dem Mut von Stadtplanung und Gestaltungsbeirat, die gemeinsam das Bessere gewagt haben: Für die Bewahrung historischer Gebäude, für Baukultur und ein zukunftsweisendes Wohnprojekt wurde die bestehende Baugenehmigung aufgegeben und die bestehende Sanierungssatzung in einem Gutachterverfahren und vorhabenbezogenen Bebauungsplan erweitert. Statt Baulückenschließungen wurden Stadtbausteine entwickelt, die zwischen denkmalgeschützen Nachbarbauten zugleich selbstbewusst und rücksichtsvoll vermitteln, barrierefreie Erschließung substanzschonend integrieren und intelligente Energiekonzepte im Verbund ermöglichen. So wurde eine baukulturell, energetisch und städtebaulich wegweisende Lösung ermöglicht.

01 Innenhof Schottenhöfe

02 Neugestaltete Aufenthaltsbereiche im Innenhof

03 Fassade Stadtbausteine

04 Schwarzplan

06 Luftbild

05 3D-Visualisierung Überflug

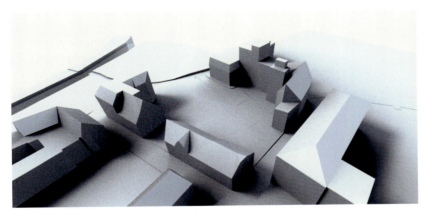
07 Quartier im Zustand 2009 als Bestand

08 Ansicht Schottengasse, Zustand 2009

09 Quartier im Zustand 2013 mit Stadtbausteinen

10 Ansicht Schottengasse, Zustand 2013

Preisverleihung
Deutscher Städtebaupreis 2014
Belobigung

Hamburg-Wilhelmsburg
Neue Mitte Wilhelmsburg

Standort
Wilhelmsburg-Mitte, Freie Hansestadt Hamburg
Bauherr
IBA Hamburg GmbH
igs Hamburg 2013 GmbH
Landesbetrieb Straßen, Brücken und Gewässer
Planer / Architekten
Agence Ter.de Landschaftsarchitekten, Karlsruhe
Jo Coenen & Co. Architects Studio Berlin
in Zusammenarbeit mit
Metropolitan Architecture Research Studio, Esch sur Alzette, Luxemburg

Im Rahmen des 2004 lancierten Stadtentwicklungsprojektes „Sprung über die Elbe" sowie im Hinblick auf die 2013 gleichzeitig stattfindende Internationale Bauausstellung und Internationale Gartenschau wurde 2008 ein Workshopverfahren zur städtebauliche Entwicklung der bis dahin brachliegenden Neuen Mitte Wilhelmsburg durchgeführt. Resultat dieses Verfahrens war u.a. das Zusammenlegen der sehr dominanten Infrastruktursträngen der Reichsstraße und Eisenbahn entlang der Bahngeleise. Gleichzeitig resultierte aus dem Siegervorschlag ein Masterplan, der die Brach- und Distanzflächen zwischen den unterschiedlichen Zonen miteinbezieht und ein Park-System aus zusammenhängenden Freiräumen zum Ziel hat.

Anstatt ein starres städtebauliches Muster zu implementieren wird eine Strategie vorgeschlagen, welche aus der landschaftlichen Identität der Elbinsel entwickelt wurde. Dabei macht der Masterplan sich die vorhandene Spontanvegetation und die Prozesshaftigkeit der landschaftlichen Elemente zunutze. Durch das Schlagen von Schneisen und das Aufforsten von Raumkanten werden präzise Räume definiert und visuelle Verbindungen geschaffen. Das Wasser wird zum Identität und Orientierung stiftenden Element. Die neuen Wege führen entlang von Kanälen, neue Plätze erhalten Sitzkanten zu den Gewässern hin. Auch das Rathaus, einst losgelöst von jeglichem städtischen Gefüge in der Mitte der Insel erbaut, steht heute an einem seiner Bedeutung angemessenen Ort: Vor ihm erstreckt sich eine großzügige Wasserfläche mit Anleger.

Das kluge städtebauliche Konzept beeindruckt durch das Schaffen einer starken räumlichen Struktur und das Definieren der für zukünftige Entwicklungen wichtigsten Regeln im „Code Paysage". Die räumliche Qualität der Überblick verschaffenden, präzise definierten Leere zeigt sich bereits heute, obwohl die städtebauliche Dichte erst noch am Entstehen ist.

01 Ulla-Falke-Terrassen – neue Barkassenanbindung

02 Plan Workshopverfahren, 1. Preis (2008)

03 Luftbild mit Entree der IBA und igs

04 Timeline Neue Mitte Wilhelmsburg

05 Erste Entwicklungsstufe 2013 mit Integration von IBA und igs

06 Städtebauliche Akzentuierung der Neuen Mitte Wilhelmsburg

07 Water Houses, Schenk+Waiblinger Architekten

08 Bebauung der IGS-Passage, BOLLES+WILSON

09 Neubau BSU, sauerbruch hutton

Preisverleihung
Deutscher Städtebaupreis 2014
Belobigung

Hannover
HANOMAG – Neue Lebens- und Arbeitswelten im Industriedenkmal

Standort
  Stadtteil Linden-Süd, Hannover
Bauherr
  DiBAG Industriebau AG, München
Planer / Architekten
  agsta Architekten und Ingenieure, Hannover
in Zusammenarbeit mit
  Landeshauptstadt Hannover, Fachbereich Planen und Stadtentwicklung

Die Hannoversche Maschinenbau AG (HANOMAG) war ein 1871 gegründetes Unternehmen, das im Stadtteil Linden-Süd Lokomotiven, Lastkraftwagen, Ackerschlepper, Personenwagen und Baumaschinen herstellte. 1984 musste die HANOMAG Konkurs anmelden und wurde schrittweise durch den japanischen Baumaschinenhersteller Komatsu übernommen. Im Weg eines kooperativen Entwicklungsmanagements zwischen dem neuen Eigentümer, der Münchner DIBAG Industriebau AG, der Stadt und dem Architekturbüro agsta gelang es, seit 2008 sukzessive ein Konzept aus gewerblichen Nutzungen, Dienstleistungen, Einzelhandel und Wohnen umzusetzen. Auch wenn die Fachmarktnutzung einerseits, die Dominanz des ruhenden Verkehrs bei den Freiflächen andererseits innerhalb der Jury durchaus zu kontroversen Diskussionen führte, verdient diese Konversionsleistung eines 7 ha großen Industrieareals mit 60.000 m², die ohne öffentliche Fördermittel zum weitgehenden Erhalt des bedeutendsten hannoverschen Industriedenkmal führte, hohe Anerkennung.

01 Historischer Kopfbau

02 Loft-Wohnungen im Bau

03 Innenraum Loft-Wohnungen

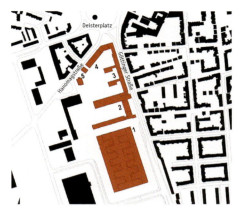
04 Schwarzplan

05 Luftbild Ausgangssituation 2008

06 Denkmalgerechte Sanierung

07 Entkernung Hauptgebäude

08 Telekom I Sanierung 2010

09 U-Boot-Halle vor Sanierung/Instandsetzung

10 Bürogebäude

11 Büroräume Telekom II, Neubau 2012/2013

12 U-Boot-Halle mit Verkaufsfläche

13 Bürogebäude

Preisverleihung
Deutscher Städtebaupreis 2014
Belobigung

Ilmenau
Neubau Technologieterminal

Standort
  Bahnhofsgelände Hauptbahnhof Ilmenau
  Am Bahndamm 6–10, Ilmenau
Bauherr
  Stadt Ilmenau
Planer / Architekten
  Stadtplanungsbüro Wilke, Erfurt
in Zusammenarbeit mit
  Erfurt & Partner GmbH
  Friedemann & Weber Landschaftsarchitektur, Erfurt

Die Stadt Ilmenau arbeitet unter Federführung des Stadtplanungsbüros Dr. Wilke seit 2009 gemeinsam mit dem Land Thüringen, der Technischen Universität Ilmenau, der Deutschen Bahn sowie privaten Firmen und Instituten an der schrittweisen Umstrukturierung des alten Bahnhofsgeländes – Hauptbahnhof Ilmenau. Das Areal in zentraler innerstädtischer Lage war zwischen Gleisen und neu gebauter Bundesstraße in eine Insellage geraten, geprägt von leerstehender Bausubstanz, mit schlechtem Image die Stadteinfahrt belastend. Aus einer städtebaulichen Problemlage wurde ein modernes Technologie- und Gründerzentrum entwickelt, das die Altstadt mit dem Campus der Technischen Universität Ilmenau und das Naherholungsgebiet Ilmenauer Teiche miteinander verbindet.

Das Technologieterminal Ilmenau fügt sich als strategischer Baustein in eine über 20 Jahre konsequent verfolgte Stadtentwicklungsstrategie ein und gibt selbst weitere Entwicklungsimpulse für private Investitionen im Umfeld. In einer von Strukturwandel und Arbeitsplatzverlusten stark geforderten Kleinstadt geben das Bekenntnis zum Bildungsprofil durch die Universität, zum baukulturellen Erbe der Stadtgeschichte und zur Wertschätzung der landschaftlichen Bezüge die stabile Basis, auf der Einzelprojekte schrittweise zum schlüssigen Gesamtbild verbunden werden.
Die Umnutzung des alten Bahnhofsgebäudes als Bindeglied zwischen Innenstadt und Universität wird architektonisch und konzeptionell zur Visitenkarte der Stadt.

01 Bahnhofsgebäude mit Terminal A und B (C in Planung)

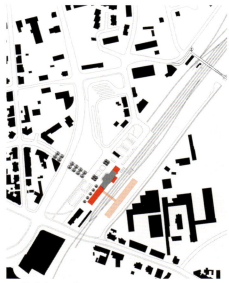
02 Schwarzplan

03 Gestaltplan

04 Bahnbereich vor der Umgestaltung

05 Bahnbereich nach der Umgestaltung

06 Eingang Bahnhof und Terminal B

07 Saniertes Bahnhofsgebäude mit den Terminalneubauten A und B

10 Hauptansicht (Stadtseite)

08 Wartebereich Bahnkunden

09 Treppenhaus Terminal B

Preisverleihung
Deutscher Städtebaupreis 2014
Belobigung

München
Energetische Modernisierung und Lückenschließung, Zornedinger Straße

Standort
Zornedinger Straße 12–38, Stadtteil Ramersdorf, München
Bauherr
GWG Städtische Wohnungsgesellschaft München mbH, München
Planer / Architekten
Felix + Jonas Architekten Stadtplaner, München
in Zusammenarbeit mit
Stefanie Jühling Landschaftsarchitektin, München
Suess Staller Schmitt, Gräfelfing

Die Wohnanlage liegt im Münchner Stadtteil Ramersdorf und bestand ursprünglich aus drei Wohnzeilen aus den 1960er Jahren. Die Gebäude lagen stirnseitig offen zum extrem befahrenen Innsbrucker Ring und waren dem Schall völlig ungeschützt ausgeliefert. Aus diesem Grund wurden auch die Freiflächen zwischen den Gebäuden von den Bewohnern kaum genutzt.

Das Konzept des Projekts besteht neben einer Lärmschutzmaßnahme auch aus einer Nachverdichtung durch Neubauten und Aufstockungen sowie einer energetische Modernisierung des Bestandes. An den fünfgeschossigen Lückenschluss zwischen den Wohnzeilen am Innsbrucker Ring wurden die Bestandsbauten einschließlich einer teilweisen Verbindung der Wohnungsgrundrisse angeschlossen. Alt- und Neubauten sind weiterhin ablesbar und gehen nicht in einer Großform auf. Die vormaligen Zwischenräume wurden geschlossen und dienen nun als ruhige Spiel-, Aufenthalts- und Erschließungsräume.

Das Projekt würdigt die bauliche Vergangenheit und zieht einen ressourcensparenden Erhalt des Bestands einer Neuordnung durch Abriss vor. Die Balkone zum Innenhof beschwingen den Raum statt ihn zu belasten. Auch das Erscheinungsbild zum Ring hin ist freundlich und wertet die extrem befahrene Straße nicht zum Unraum ab. Das Projekt zeigt in beispielgebender Weise, wie ein Quartier durch entschiedene Eingriffe deutlich gewinnt, seine Aufenthalts- und Freiraumqualität verbessert, und wie durch Nachverdichtungsmaßnahmen die Qualität der Außenräume gestärkt wird.

01 Lärmgeschützte Innenhöfe

02 Luftbild

03 Freiflächenplan

04 Schrägluftbild vor der Modernisierung

05 Jurybegehung

06 Lärmschutzfassade mit Licht- / Farbspiel

07 Neubauten mit angrenzenden Wohnungen im Bestand (Kopfbauten)

08 Jurybegehung

10 Jurybegehung

09 Aufenthaltsbereich Innenhof

Preisverleihung
Deutscher Städtebaupreis 2014
Belobigung

München
Ganzheitliche Quartiersentwicklung Piusplatz

Standort
Berg am Laim, Piusplatz, Pertisaustraße 7, Innsbrucker Ring 70+72, München
Bauherr
GEWOFAG Holding GmbH, München
Planer / Architekten
Allmann Sattler Wappner Architekten, München
Architekturbüro Richarz und Strunz, München
Krieger Architekten, Samerberg
03 Architekten GmbH, München
in Zusammenarbeit mit
Freiraum Landschaftsarchitekturbüro, Freising
Realgrün Landschaftsarchitekten, München
Landschaftsarchitekturbüro Stiegler, Rosenheim
Ver.de Landschaftsarchitektur, Freising
mahl-gebhard-Konzepte Landschaftsarchitekten, München
Lichtgestaltung: WERNING DAY & LIGHT, München

Das Projekt „Ganzheitliche Quartiersentwicklung Piusplatz" beinhaltet die Verbesserung des Quartiers rund um den Piusplatz in Berg am Laim in München. Seine Qualitäten liegen in erster Linie in dem Ansatz, ein zusammenhängendes Wohngebiet nicht nur bautechnisch, sondern auch ökologisch, sozial und demografisch für die Zukunft zu wappnen und gestalterisch aufzuwerten. Ausgangspunkt des Projekts war das Fehlen von Wohnungen für Familien mit Kindern, aber auch für ältere Menschen waren die ursprünglich kleinen Grundrisse der Siedlung und die fehlende Barrierefreiheit nicht mehr geeignet. Abhilfe schafften einzelne Projekte wie der Neubau von vier Passivhäusern, die Aufwertung der Außenanlagen, Gebäudesanierungen, Wohnumfeld-Verbesserungen, Umbauten sowie ein weiterer Neubau am Innsbrucker Ring. Die soziale Agenda des Quartiers wurde durch neu eingerichtete Betreuungsmöglichkeiten, ein Wohncafé, eine Kindertagesstätte und ein Mütterzentrum umgesetzt. Dieses Projekt zeigt in beispielgebender Weise, wie ein Quartier durch unaufgeregte Eingriffe und Optimierung deutlich an Qualität gewinnt, wie die soziale Mischung der Mieter sowie die Aufenthalts- und Freiraumqualität verbessert werden können, wie Nachverdichtungsmaßnahmen die Qualität der Außenräume stärkt und wie durch kulturelle Angebote sowie die Beteiligung von Mietern die Zukunftsfähigkeit des Quartiers gesteigert wird.

01 Visualisierung Innsbrucker Ring, 2. Bauabschnitt

02 Luftbild

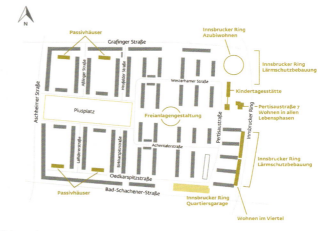

03 Lageplan

04 Neue Freiflächengestaltung

06 Wohnblock, Pertisaustraße

07 Umbau mit Loggia

05 Piusplatz, Passivhäuser, Südseite

08 Jurybegehung

09 Aufenthaltsbereich Innenhof

10 Neue Spiel- und Aufenthaltsbereiche

Preisverleihung
Deutscher Städtebaupreis 2014
Belobigung

Weimar
Herderplatz

Standort
Herderplatz, Herderkirche, Herderhaus, Herderschule und Wilhelm-Ernst-Gymanasium, Weimar
Bauherr
Stadt Weimar
Evangelisch-Lutherische Kirchengemeinde Weimar
Planer / Architekten
Schegk Landschaftsarchitekten I Stadtplaner, Haimhausen
gildehaus.reich architekten, Weimar
BISKOP Architekten + Ingenieure GbR, Weimar
Architektur + Denkmalpflege, Dr. Anja Löffler, Gera-Untermhaus
DSK Deutsche Stadt- und Grundstücksentwicklungsgesellschaft, Wiesbaden

Der Herderplatz ist ein historisch bedeutender Ort in Weimars alter Mitte. Herderkirche, Herderhaus, Herderschule und Wilhelm-Ernst-Gymanasium prägen den geistigen Ort am Schnittpunkt mittelalterlicher Handelswege. Die Rückgewinnung des Platzes nach verkehrlicher Übernutzung, der Verlust räumlicher Fassungen sowie die Rettung und Sanierung gefährdeter wertvoller Bausubstanz erforderten ein koordiniertes Vorgehen von Stadtverwaltung, Kirchengemeinde sowie den beauftragten Architekten und Landschaftsplanern. Durch abgestimmte Planungen und geschickte Kopplung von Förderprogrammen konnte das historisch bedeutende Gesamtensemble wieder erlebbar und vor allem in Gemeinde- und Stadtleben nutzbar gemacht werden. Hier wurde öffentlicher Raum im mehrfachen Sinn zurückgewonnen: in seiner respektvollen räumlichen Fassung durch das Herderzentrum der Kirchengemeinde, in der Schaffung von „Freiraum" im Wortsinn rund um die Herderkirche und in der Aneignungsmöglichkeit der Platzränder für die umgebenden Anlieger und Gewerbetreibenden.

01 Stadtkirche Sankt Peter und Paul, rechts: ehemaliges Wilhelm-Ernst-Gymnasium

02 Pflasterung

03 Detail: Bodenbelag mit Parkbank

04 Historischer Stadtplan von 1841

06 Luftbild Herderplatz

07 Bestand vor 2013

05 Herderplatz, Ansicht von Osten nach Neugestaltung

08 Entwurf Neugestaltung Herderplatz

09 Herderzentrum

10 Eingang

11 Erweiterungsbau

Preisverleihung
Deutscher Städtebaupreis 2014 – Sonderpreis
Sonderpreis

Erfurt
Neugestaltung des Fischmarkts

Verkehrsanlagen im historischen Stadtraum

Standort
Erfurt, Fischmarkt
Bauherr
Landeshauptstadt Erfurt
Planer / Architekten
Stadtplanungsbüro Wilke, Erfurt
in Zusammenarbeit mit:
ITS Ingenieurgesellschaft mbH, Gotha
Lichtraum3, Weimar
Emch + Berger, Berlin

01 Fischmarkt Erfurt bei Nacht

Preisverleihung
Deutscher Städtebaupreis 2014 – Sonderpreis
Sonderpreis

Erfurt
Neugestaltung des Fischmarkts

Der Fischmarkt in Erfurt ist Teil des mittelalterlichen Stadtgefüges von Erfurt und einer der historisch wertvollsten Räume der Stadt. Auf diesem Platz befindet sich eine von drei Linien angefahrene hochfrequentierte Straßenbahnhaltestelle, die barrierefrei umgebaut werden sollte. In konstruktiver Zusammenarbeit zwischen Stadtverwaltung, Behindertenverbänden, Erfurter Verkehrsbetrieben und dem Stadtplanungsbüro Dr. Wilke wurden in beispielgebender Könnerschaft nicht nur die Herausforderungen gemeistert, die mit der barrierefreien Integration von Straßenbahnsystemen in sensible historische Stadträume verbunden sind.

Das Projekt wurde mit einer umfassenden und subtilen Neugestaltung des gesamten, für die Geschichte und das heutige Selbstverständnis der Landeshauptstadt Erfurt bedeutenden Platzraum genutzt. Vor der Umgestaltung fanden vielschichtige Funktionen ihre mehr oder weniger geglückten räumlichen Entsprechungen. Anlieferzonen und Außengastronomie, Straßenbahnschienen, Bodenbeläge und Höhenprofilierung, Stadtmöblierung und Beleuchtung: Vieles war gewachsen, in Kompromissen arrangiert, in seiner gestalterischen Qualität beliebig, an einigen Stellen hilflos und unsensibel gegenüber dem historischen Kontext. Ein umfassender Planungs- und Diskussionsprozess wurde für eine ganzheitliche Neugestaltung des Platzes genutzt. Eine grundlegende Neuprofilierung des gesamten Platzes bindet die Rampen der Bahnsteige und die Gleistrasse mit Selbstverständlichkeit ein, gibt dem zentralen Platzraum großzügige Ruhe, hebt die Kolonnaden des Rathauses aus der Fläche heraus und schafft auch hier barrierefreien Zugang. Die Übergänge in die einmündenden Straßen und Gassen werden subtil eingepasst.

In Erfurt sorgt ein Stadtbodenkonzept für eine allgemein wohltuende Ruhe und Geschlossenheit in der Gestaltung der Straßen- und Platzräume. Die am Fischmarkt verwendeten Materialien ordnen sich in diesen Kanon ein, Stadtmöblierungselemente aus dem Standard der Stadt und Beleuchtungselemente werden dabei nicht „ausgestellt", sondern behutsam so integriert, dass sie in der Wahrnehmung des Gesamtensembles zurücktreten.

Die Qualität der Gestaltung überzeugt durch lückenlos durchdachte und zugleich nobel zurückhaltende Ausführungsdetails. Historischen Elementen wie dem Umfeld der Römersäule, den Anschlüssen der Platzflächen an Rathaus oder Ständehaus wird dabei genauso viel Aufmerksamkeit und Sorgfalt zuteil wie den taktilen Elementen an den barrierefreien Haltestellen. Sitzgelegenheiten, die Neuordnung von Außenbestuhlungsflächen und Feuerwehrtrassen, technische Infrastrukturen oder touristische Informationssysteme – für jede Funktion wird eine mindestens selbstverständliche, häufig darüber hinaus das Ensemble und das gesamte städtische Umfeld bereichernde Lösung entwickelt.

Insbesondere bei der Detailgestaltung der Straßenbahnhaltestellen und der Schienentrasse gelang eine mit Straßenbahnbetrieb und Behindertenverbänden erarbeitete auszeichnungswürdige Lösung: Barrierefreiheit ist möglich ohne ästhetische Kompromisse. Das Beispiel zeigt, selbst starr schienengebundene Systeme lassen sich in sensible Stadträume integrieren, ohne diesen gestalterisch einen „Stempel aufzudrücken". Dies nachgewiesen zu haben, ist das ermutigende Verdienst der Neugestaltung des Fischmarktes in Erfurt.

02 Luftbild

03 Gestaltplan

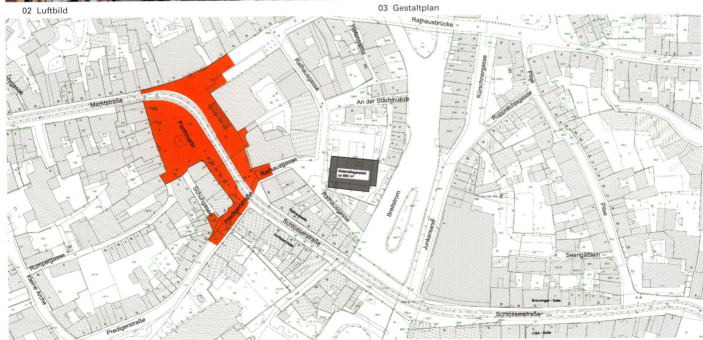
04 Lageplan

119

Preisverleihung
Deutscher Städtebaupreis 2014 – Sonderpreis
Sonderpreis

Erfurt
Neugestaltung des Fischmarkts

05 Verkehrsknotenpunkt Fischmarkt

06 Trinkwasserbrunnen

07 Blindenleitplatten

08 Pflasterdetail

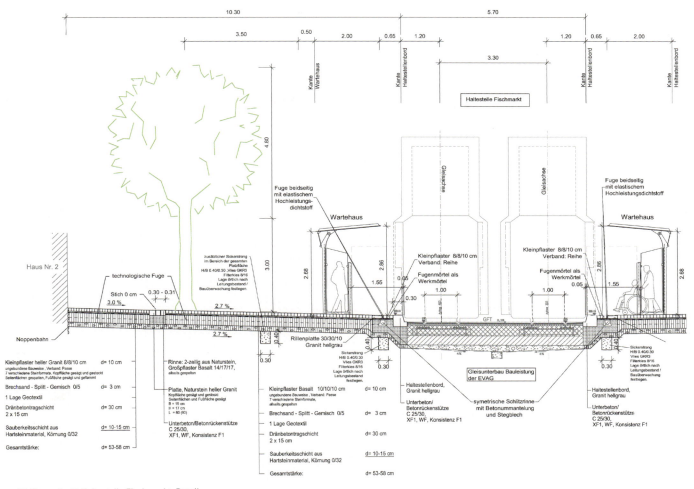

09 Querschnitt Haltestelle Fischmarkt, Detail

10 Haltestelle

Preisverleihung
Deutscher Städtebaupreis 2014 – Sonderpreis
Sonderpreis

Erfurt
Neugestaltung des Fischmarkts

11 Neugeschaffene barrierefreie Haltestellen

12 Gastronomie auf dem Fischmarkt

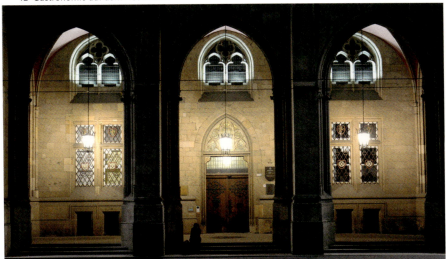
13 Rathausarkade bei Nacht

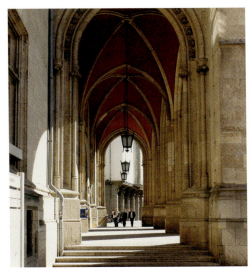
14 Rathausarkade bei Tag

Preisverleihung
Deutscher Städtebaupreis 2014 – Sonderpreis
Auszeichnung

Berlin
Park am Gleisdreieck

Standort
260.000 m² (Ostpark, Westpark und Flaschenhals), Berlin
Bauherr
Land Berlin, vertreten durch die Grün Berlin GmbH
Planer / Architekten
Atelier LOIDL Landschaftsarchitekten, Berlin
in Zusammenarbeit mit
Breimann Bruun Simons, Hamburg
Landscape Engineering, Berlin
ifb frohloff staffa kühl ecker, Berlin
Ökologie und Planung Markstein, Berlin
Paul Müller Ingenieursgesellschaft mbH, Kalchreuth / Nürnberg
Ingenieurbüro Ingo Acker, Berlin

Das Projekt „Park am Gleisdreieck" entspricht in ausgezeichneter Weise dem Motto des Wettbewerbes „Neue Wege in der Stadt". Es demonstriert vorbildlich die Möglichkeiten, durch die Neunutzung einer innerstädtischen Brache zum einen Stadtteile durch die Schaffung neuer Wegeverbindungen physisch miteinander zu verknüpfen, und zum anderen durch bestandsergänzende bauliche Maßnahmen und die damit verbundene Schaffung neuer Flächen für Wohnungen und Arbeitsplätze, durch Allokation vielfältiger Freiraumfunktionen mit entsprechenden Aneignungsmöglichkeiten für die Bürger sowie auch im Planungsprozess – im übertragenen Sinne – „neue Wege" zu gehen.

Die Konzeption des „Parks", dessen östliche und westliche Teilfläche jeweils durch einen sie umgebenden grünen „Rahmen" definiert werden, schafft eine robuste Basis, die wenig vorschreibt. Gleichzeitig werden aber bewusst Akzente gesetzt, beispielsweise durch programmatische Angebote zum Beispiel durch Anlagen für Skater, Kinderspielplätze und gastronomische Einrichtungen.

Die neu geschaffenen Wege knüpfen an das umgebende Straßennetz an, heben damit die aufgrund der Bahnnutzung ursprünglich gegebene Blockade auf und bilden somit auch ein wichtiges attraktivitätsförderndes Element im Rahmen der großräumigen Rad- und Fußwegverbindungen. Die Wege selbst sind – soweit möglich – barrierefrei ausgebildet und bis ins Detail qualitätvoll gestaltet.

Die Situierung der großen Wiesenflächen, der Kontrast zwischen erhaltener, gewachsener Brachennatur und neu geschaffenen vegetativen Elementen sowie das punktuell eingesetzte Prinzip „Bühne" (für Aktive) und „Tribüne" (für Zuschauer) fügen sich zu einem Gesamtensemble zusammen, das sowohl für den räumlichen Nahbereich als auch darüber hinaus in hohem Maße positive Wirkungen entfaltet.

01 Park am Gleisdreieck

02 Westpark, Panorama

Preisverleihung
Deutscher Städtebaupreis 2014 – Sonderpreis
Auszeichnung

Berlin
Park am Gleisdreieck

03 Luftbild, 2011

04 Lageplan

05 Jurybegehung 2014

06 Westpark, Bahnbrücke

07 Westpark, Rad- und Fußwegverbindung

08 Ostpark, Skateranlage

09 Ostpark, barrierefreier Übergang

10 Ostpark, Parkbänke

Preisverleihung
Deutscher Städtebaupreis 2014 – Sonderpreis
Auszeichnung

Kassel
Ausbau der Goethe- und Germaniastraße

Standort
vom Einmündungsbereich der Herkulesstraße in die Germaniastraße
bis zur Einmündung der Westerburgstraße in die Goethestraße
auf einer Streckenlänge von ca. 700 m, Kassel

Bauherr
Stadt Kassel, Stadtbaurat Christof Nolda
Kasseler Verkehrs-Gesellschaft AG, Norbert Witte

Planer / Architekten
Planungsgemeinschaft Landschaft + Freiraum PLF Kassel, Andreas Schmidt-Maas
Oppermann Ingenieure Vellmar, Yves Vogt
SHP Ingenieure Hannover, Prof. Dr. Wolfgang Haller

01 Goethestraße um 1910

02 Goethestraße um 1910

03 Goethestraße
vor dem Umbau, 2010

04 Goethestraße
vor dem Umbau, 2010

Zwei Hauptverkehrsstraßen mit Straßenbahn, hoher Nachfrage der Anwohner an Parkplätze und 11.000 Kfz pro Tag wurden von vier auf zwei Spuren zurückgebaut, bei vollem Erhalt der Verkehrsfunktion. Für Fußgänger, Radfahrer und Aufenthalt wurden enorme Verbesserungen erreicht durch Flächengewinn, ergänzende Baumpflanzungen und angenehme, ausgesprochen sorgfältige Gestaltung. Schwerpunkte sind die Promenade anstelle der früheren Richtungsfahrbahn und zwei Plätze auf ehemaliger Verkehrsfläche, die Auftakt und Ende der Promenade markieren. Die Promenade ist Teil einer stadtweiten Rad- und Fußverkehrsverbindung. Der Blick auf den Herkules ist das ganz Besondere der Goethestraße. Hierauf wird mit einer Doppelstele unauffällig, aber originell hingewiesen. Die große Stele am Rudolfplatz dagegen wurde in der Jury kontrovers diskutiert.

Die Bürgerbeteiligung bestand aus Informationsveranstaltungen und Workshops mit ca. 30 Personen, deren Vorschläge von den Planern in den Entwurf übertragen und mit den Bürgern abgestimmt wurden. Die Zufriedenheit der Anwohner mit dem Prozess und dem Ergebnis ist hoch. Der Umbau wurde Ende 2013 abgeschlossen und findet zur Zeit seine Fortsetzung in der benachbarten Friedrich-Ebert-Straße. Der Umbau dort wird durch das anerkannt gute Beispiel Goethe-/Germaniastraße erleichtert. Das Projekt ist Beispiel gebend für die vielerorts anstehende städtebauliche Reparatur „autogerechter" Hauptverkehrsstraßen. Die Entwurfsprinzipien sind verallgemeinerbar, der Entwurf selbst bleibt freilich ortsspezifisch.

05 Luftbild des Planungsgebietes vor der Realisierung

06 Lageplan mit Gesamtübersicht

Preisverleihung
Deutscher Städtebaupreis 2014 – Sonderpreis
Auszeichnung

Kassel
Ausbau der Goethe- und Germaniastraße

07 Visualisierung der Umbaumaßnahmen am Dr. Lilli-Jahn-Platz

08 Visualisierung Rudolphsplatz

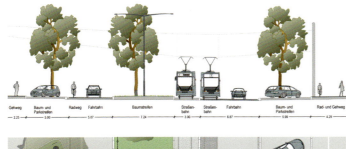

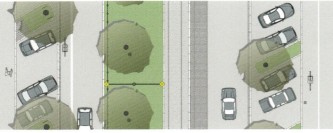
09 Straßenprofil vor dem Umbau

10 Straßenprofil nach dem Umbau

11 Visualisierung Promenade Goethestraße

12 Visualisierung der Umbaumaßnahmen in der Goethestraße

13 Promenade Goethestraße bei Nacht

14 Goethestraße mit Blick auf den Herkules

15 Nutzungs- / Aufenthaltqualität für Passanten

16 Promenade (330 Meter) anstelle früherer Richtungsfahrbahn

Preisverleihung
Deutscher Städtebaupreis 2014 – Sonderpreis
Belobigung

Eppingen
Öffentliche Räume der Brettener Vorstadt

Standort
  Kernstadt, historische Brettener Vorstadt, Marktplatz, Brettener Straße, Bahnhofstraße, Ludwigsplatz, Leiergasse, Metzgergasse, Ölgasse, Küfergasse, Hafnergasse, Stadt Eppingen
Bauherr
  Stadt Eppingen
Planer / Architekten
  Wick + Partner Architeken Stadtplaner, Stuttgart
in Zusammenarbeit mit
  Ingenieurbüro Wolfgang Bürkle, Göppingen

Wie viele Städte sah sich die mitten in einer landwirtschaftlich geprägten Landschaft liegende Stadt Eppingen Ende der 1990er Jahre mit dem Problem der Entleerung ihrer historischen Altstadt konfrontiert. Der Handel verlagerte sich nach außerhalb, die Ämter waren über das gesamte Gemeindegebiet verstreut und die Bundesstraße führte mitten durch die Kernstadt. Der S-Bahnanschluss an Karlsruhe sowie die bewusste Entscheidung des Gemeinderates, die Behörden wieder im erweiterten Rathaus zu konzentrieren, waren die Katalysatoren, die das Entstehen einer verkehrsberuhigten, lebenswerten Innenstadt ermöglichten.

Für die neuen Straßenquerschnitte der Brettener Straße und der Bahnhofstraße griffen die Planer auf vertraute, etablierte Typologien zurück, die jedoch mit großer Sorgfalt ausformuliert wurden. Fahrspuren, Parkfelder und Aufenthaltszonen wurden durch unterschiedliche Formate des einheitlich eingesetzten Natursteins zoniert. Die beiden neu gestalteten Bereiche am Ludwigsplatz und Marktplatz überzeugen durch einen präzisen Einsatz der gestalterischen Mittel und den gekonnten Umgang mit der Topografie. Die neuen öffentlichen Räume der Brettener Vorstadt präsentieren sich heute als über den ganzen Tag und Abend von Jung und Alt belebte, stimmungsvolle Orte.

Beeindruckend ist das große Engagement auf unterschiedlichen Ebenen der Entscheidungsträger und Planer für „ihre" Stadt. Das Bekenntnis zur Kernstadt, die Investitionen in den öffentlichen Raum, die kluge Immobilienpolitik, durch die sich städtebauliche Qualität und Nutzungsmischung steuern lassen, sowie der Einbezug der Bevölkerung von der Information bis hin zu Werkstatt- und Einzelgesprächen zeugen von einem lobenswerten, liebevollen Umgang mit der gelebten Altstadt.

01 Bodenbündige Wasserspiele am Marktplatz

02 Funktionale Ausstattungselemente

03 Luftbild Brettener Vorstadt

04 Lageplan

05 Bestandssituation Marktplatz

07 Bestand:
Brettener Straße

08 Brettener Straße
nach Umgestaltung

06 Marktplatz nach Umgestaltung

09 Beleuchtungs-
konzept Vorstadt

10 Bestand:
Ludwigsplatz

11 Ludwigsplatz nach Umgestaltung

12 Ludwigsplatz nach Umgestaltung

Preisverleihung
Deutscher Städtebaupreis 2014 – Sonderpreis
Belobigung

Lebach
Bitscher Platz und Umgebung

Standort
Bitscher Platz und Umgebung, Lebach
Bauherr
Stadt Lebach
Planer / Architekten
club L94 Landschaftsarchitekten GmbH, Köln
in Zusammenarbeit mit
GEKOBA GmbH, Saarbrücken

Das Besondere des Bitscher Platzes ist seine Multifunktionalität als Parkplatz, Marktplatz und Festplatz. Wegen der Anforderungen der Marktbeschicker und Fahrgeschäfte ist der Platz äußerst robust mit großformatigen 16 cm-Betonplatten belegt. Die beige-/grau-/braun-farbige Abstufung der Platten ist aus geologischen Besonderheiten des Ortes (Lebacher Eier) abgeleitet. Je drei Platten fügen sich zu einem für Parkplätze charakteristischem 5,50 x 2,55 m-Modul, das durchgehend auch den Baumscheiben, Sitzgelegenheiten und Spielobjekten zugrunde liegt. Die Fahrgassen und die Parkstände sind sehr zurückhaltend nur mit kleinen Pfeilen und Nummern markiert; der Betrieb auf dem Platz funktioniert dennoch einwandfrei. Die sonst übliche funktional bestimmte Auslegung eines Parkplatzes wird auf angenehme Weise vermieden.

Der Platz liegt in der Verbindung vom Stadtzentrum zum Bahnhof und ZOB; ein „grüner" Weg führt entlang des Platzes und als „Allee" durch die Doppelbaumreihe. Baumdach und Baumreihen bestehen aus sehr strapazierfähigen Lederhülsenbäumen mit transparenten Kronen. Die neu gepflanzten Bäume sind bereits etwa 15 Jahre alt und lassen ein Baumdach schon erahnen. Ein Wasserspiel als Himmelsspiegel, Sitzpodeste und sehr sparsam angeordnete Spielgeräte passen in das durch die Parkierung vorgegebene modulare Raster und erscheinen dadurch sehr zurückhaltend. Zurzeit ist im Bereich des Baumdaches ein Kiosk-Gebäude mit geringer Außengastronomie in Bau. Die Beleuchtung ist ebenfalls zurückhaltend, bis auf einen hohen Lichtmast in der Ecke gegenüber dem Baumdach.

01 „Lebacher Eier", Modul in drei unterschiedlichen Farbabstufungen

02 Parkplatzmarkierung

03 Luftbild vor Umgestaltung

04 Bestandsituation

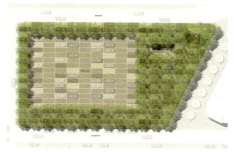
05 Gestaltungsplan

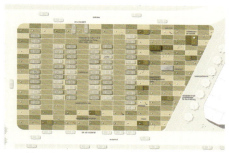
06 61 Parkplätze im Innenraum des Platzes

07 Bitscher Platz

08 Bodenbündiges Wasserelement mit Holzpodest

09 Bodenbeläge

10 Detail Wasserspiel

Preisverleihung
Deutscher Städtebaupreis 2014 – Sonderpreis
Belobigung

Leipzig
Umgestaltung Richard-Wagner-Platz

Standort
Richard-Wagner-Platz, Leipzig
Bauherr
Stadt Leipzig, Dezernat für Stadtentwicklung und Bau,
Verkehrs- und Tiefbauamt
Planer / Architekten
Lohaus + Carl GmbH Landschaftsarchitekten + Stadtplaner, Hannover
in Zusammenarbeit mit
Büro für urbane Projekte, Leipzig
Stadtplanungsamt Leipzig
LICHTKUNSTLICHT AG, Bonn
Verkehrs- und Tiefbauamt Leipzig
Studio 51 Landschaftsarchitekten, Halle
AK Krassowski Planungsbüro, Sendersdorf-Brehna
Reif Baugesellschaft mbH & Co. KG, Schkeuditz

Zwischen Ringstraßen, grünem Promenadenring und großen Kaufhauskomplexen am Rand der Innenstadt definiert der Richard-Wagner-Platz eine wichtige Stadteinfahrt Leipzigs. Das Dezernat für Stadtentwicklung und Bau hat in einer von widerstreitenden Interessen geprägten Gemengelage nach sorgfältiger Grundlagenermittlung und verwaltungsinterner Koordination ein vorbildliches Beteiligungs- und Wettbewerbsverfahren durchgeführt. Mit klugen Jury-Entscheidungen ist es gelungen, den Entwurf von Lohaus + Carl Landschaftsarchitekten + Stadtplaner mit den Erwartungen der Stadtgesellschaft zu verbinden, und diesem Ort ein großstädtisches Selbstbewusstsein und großzügige Selbstverständlichkeit zu geben. Hier werden Baugeschichte der DDR mit der sanierten Kaufhausfassade der sogenannten „Blechbüchse", translozierte Kunst in Form der Pusteblumen-Brunnen und eine in der „mind map" der Jugendkultur verankerte Skateranlage in einer angenehm weitläufig gestalteten, vielfältig nutzbaren Platzanlage vereint.

01 Richard-Wagner-Platz mit Skateranlage und „Blechbüchse"

02 Skateranlage

03 Bodenbeläge

04 Historisches Schrägluftbild

05 Luftbild

06 Bestandsituation

07 Bestandsituation

08 Gestaltplan Realisierungswettbewerb

09 Visualisierung Realisierungswettbewerb

10 Pusteblume in Nutzung

11 Richard-Wagner-Platz

12 Pflasterung

Preisverleihung
Deutscher Städtebaupreis 2014 – Sonderpreis
Belobigung

Raunheim
Geh- und Radwegbrücke über den Ölhafen

Standort
Ölhafen, überörtliche Fahrradroute am südlichen Mainufer, Raunheim
Bauherr
Stadt Raunheim
Planer / Architekten
NH ProjektStadt Stadtentwicklung, Projektentwicklung, Consulting, Frankfurt am Main
in Zusammenarbeit mit
Schneider+Schumacher Architekten, Frankfurt am Main
Planungsbüro Hans Dorn, Frankfurt am Main
Schüßler-Plan Ingenieurgesellschaft mbH, Hamburg
Arbeitsgemeinschaft Hörning/Bilfinger MCE GmbH

Das Projekt hat zwei Schwerpunkte: die Brücke selbst sowie die Einordnung in den regionalen Zusammenhang und die interkommunale Kooperation. Es hat rund 20 Jahre gedauert, die Sicherheitsbedenken bezüglich des Ölhafens in ständigem Bemühen der Städte Raunheim, Kelsterbach und Rüsselsheim zu überwinden. Die Ölhafenbrücke ist die einzige ihrer Art in Deutschland. Es ist äußerst eindrucksvoll, wie die hohen Sicherheitsauflagen zu einer ganz besonderen skulpturalen Form der Brücke geführt haben. Zu ihrer Gestaltung werden Formen und Farben des Tanklagers zitiert. Es ist ein Ort zwischen Natur, Wasser, Industrie und Verkehrstrassen entstanden, der einen ganz eigenen Erlebniswert hat. Die Brücke steht in einem größeren Zusammenhang mit weiteren Projekten am alten Opelhafen in Rüsselsheim und am Kelsterbacher Anleger. Der Geh- und Radweg ist Teil der Regionalpark-Route und der Route der Industriekultur, mit hoher Bedeutung im Alltagsverkehr, Freizeitverkehr und im Radtourismus. Am Mönchshof, in unmittelbarer Nähe der Brücke, wird ein gastronomischer Betrieb entstehen; weitere private Investitionen sollen folgen. Beeindruckend ist die Intensität der Kooperation der drei Städte mit interkommunalem Handlungskonzept und gemeinsamen Stadtverordneten-Sitzungen. Der Eigenanteil an den Kosten der Brücke wurde gemeinsam finanziert. Die Regionalpark-Route mit der Ölhafenbrücke ist das „einigende Band". Die Brücke macht die kommunalen und regionalen Bemühungen und Erfolge für die Bürger sichtbar.

01 Ölhafenbrücke, Unteransicht Überbau mit X-Stützen

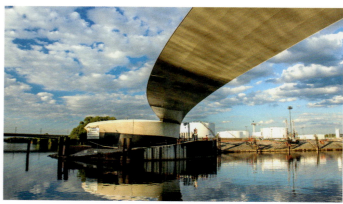

02 Hafeneinfahrt mit Rondell

03 Ölhafenbrücke, Ansicht vom Main

04 Blick auf Ölhafenbrücke nach Westen

05 Ölhafenbrücke von Westen

06 Rondell

07 Blick in Spindel

Deutscher Städtebaupreis 2014 und Sonderpreis
Weitere Beiträge

01 Aachen

02 Aachen

03 Alfter

04 Bad Wildungen

05 Berlin

06 Berlin

07 Braunschweig

08 Bremen

09 Cottbus

10 Erfurt

11 Erfurt

12 Erfurt

13 Erle

14 Essen

15 Frankfurt am Main

16 Frankfurt am Main

17 Gelsenkirchen

18 Göttingen

19 Grebenstein

20 Grevenbroich

21 Hamburg

22 Hamburg

23 Hamm

24 Jena

25 Köln

26 Landsberg am Lech

27 Leipzig

28 Loitz

29 Ludwigsburg

30 Mannheim

Deutscher Städtebaupreis 2014 und Sonderpreis
Weitere Beiträge

31 Memmingen

32 München

33 München

34 München

35 München

36 München

37 München

38 Neu-Zippendorf

39 Nordhorn

40 Offenburg

41 Osnabrück

42 Radebeul-Ost

43 Rathenow

44 Recklinghausen

45 Regensburg

46 Sigmaringen

47 Stuttgart

48 Wernigerode

49 Wetzlar

50 Wetzlar

51 Worpswede

52 Zeulenroda

I **01 AACHEN** : **Erweiterung Fakultät Maschinenwesen RWTH** Architekten: SSP SchürmannSpannel AG, Bochum; Bauherrenvertretung und Projektverantwortlichkeit: BLB NRW Aachen I **02 AACHEN** : **Umbau Prinzehofstraße und Erweiterung Gymnasium St. Leonhard** Bauherr: Stadt Aachen; Architekten/Generalplaner: pbs architekten Gerlach Wolf Böhning Planungsgesellschaft mbH, Aachen; Landschaftsarchitekt: GTL Landschaftsarchitekten – Gnüchtel Triebswetter Landschaftsarchitekten GbR Düsseldorf I **03 ALFTER** : **Alauns Hochschule** Bauherr: Software AG Stiftung, Darmstadt; Projektsteuerung: ProjektM Real Estate GmbH, Frankfurt am Main; Architekt: FREIE PLANUNGSGRUPPE 7, Büro für Stadtplanung und Architektur, Stuttgart; Bauleitung: Kühnel Architekten, Bonn; Raumakustik/Schallschutz: Prof. Hans Goydke, Braunschweig; TGA Planung: M+P Consulting, Braunschweig; Brandschutz: Lorsbach + Hammer, Solingen; Statik: Küttler und Partner, Köln; Bodengutachter: Institut für Geotechnik, Limburg–Staffel; Brunnenanlage: Klaus Kettner, Stuttgart; SiGeKo: Ecoprotec, Paderborn I **04 BAD WILDUNGEN** : **Stadtringumbau und -scharnier** Einreicher: Stadt Bad Wildungen unter Beteiligung der Bürgerinnen und Bürger, der Grundstückseigentümer und Politiker I **05 BERLIN** : **Kulturzentrum Britz** Bauherr: Bezirksamt Neukölln von Berlin; Architekten: Abelmann Vielain Pock Architekten BDA, Berlin; Tragwerksplaner: Ingenieurbüro ifb, Berlin; Prüfstatiker: Prof. M. Speich, Hannover; Holzbau: Finnforest Merk GmbH, Aichach (Hersteller und Aufbau); Folie: Velabran GmbH, München I **06 BERLIN** : **Revitalisierung Bikini** Planverfasser: Entwurf: Arne Quinze, Architekten – Hild und K Berlin Planungs GmbH & Co. KG, Berlin; Projektleitung: BT B (Zoopalast): Philip Argyrakis, BT C (Bikinihaus): Ulrike Muckermann, Jan Schneidewind, Susanne Welcker, BT D (Kleines Hochhaus) und BT E (Parkhaus): Julia Otte; General-Objektplanung bis 31.10.2012: KEC Planungsgesellschaft mbH, Berlin; Freiflächenplanung, Garten- und Landschaftsarchitekten: Lützowplatz 7, Berlin I **BERLIN** : **Viktoria-Quartier** Auftraggeber: Baywobau Baubetreuung GmbH; Architekten: Ortner & Ortner, Höhne Architekten; Dr. Hellbach Architekten; Planungsteam Baywobau München; Langhof, KMH Architekten I **BRANDENBURG** : **Revitalisierung Kammgarnspinnerei** Architektur Kontor Detlev Delfs Dipl.-Ing. Architekt, Brandenburg; LOFT BAU GmbH, Brandenburg an der Havel; Saller Gewerbebau, Weimar; REVITAN

143

Deutscher Städtebaupreis 2014 und Sonderpreis
Weitere Beiträge

Immobilien GmbH, Berlin I **07 BRAUNSCHWEIG** : Bundesmodellprojekt St. Leonhards Garten Planverfasser/Architekt (Städtebau + Masterplan): Klaus Theo Brenner – Stadtarchitektur, Brenner · Krohm · Architekten, PartG; Landschaftsarchitekt: Mettler Landschaftsarchitektur, Berlin; Auftraggeber Masterplan: Stadt Braunschweig, Projektteam St. Leonhards Garten I **08 BREMEN** : Schuppen Eins Überseestadt Architekten: Westphal Architekten BDA, Bremen; Tragwerksplanung: Ingenieurgruppe GmbH, Bremen I **09 COTTBUS** : Umgestaltung Bahnhofstraße Bauherr: Stadt Cottbus, Stadtverwaltung Cottbus, FB 66 und Cottbusverkehr GmbH; Planer: Kisters Aktiengesellschaft, Cottbus; Gruppe Planwerk Berlin; Ingenieurbüro Meister, Cottbus; COPI Planungs- und Ingenieursgesellschaft mbH, Cottbus; Planungsbüro Dr.-Ing. D. Hunger Stadt-Verkehr-Umwelt, Dresden I **10 ERFURT** : Anger Erfurt 2. Bauabschnitt Planverfasser: GTL Landschaftsarchitekten, Michael Triebswetter, Planer: ARGE anger-plan; GTL Landschaftsarchitekten, Kassel in Arge mit Planungsbüro Grobe, Erfurt; Fachplaner: Lichtplanung: Ulrike Brandi Licht, Hamburg; Elektroplanung: Ingenieurbüro Reinhard Keller, Erfurt; Brunnensanierung – Ingenieurbüro Ralph Ziehn, Weimar; Bauherr: Landeshauptstadt, Tiefbau- und Verkehrsamt I **11 ERFURT** : Auenhöfe Erfurt, Wohnbebauung Adalbertstraße Städtebau und Architektur: Schettler & Wittenberg Architekten, Weimar; Landschaftsarchitektur: plandrei Landschaftsarchitektur GmbH, Erfurt; Projektentwicklung: Hans-Holger Rothe Entwicklungs- und Betriebsgesellschaft mbH und Stadt Erfurt, Amt für Stadtentwicklung und Stadtplanung; Bauherr: Baugesellschaft an der Wachsenburg mbH I **12 ERFURT** : Großer Ackerhof – „Wohnen – Leben – Arbeiten" – Der Mehrgenerationenhof in Erfurt Bauherr und Eigentümer: Uwe Ullrich, Erfurt; Architekten: Architekturbüro Norbert Ruge, Ilmenau und HE!N Architektur, Erfurt; Landschaftsarchitektur: Schley & Partner, Erfurt I **13 ERLE** : Marktplatz Planergruppe Oberhausen; Stadt Gelsenkirchen, Referat Stadtplanung und Referat 69 Straßenbau I **14 ESSEN** : Panorama Radweg Niederbergbahn Planverfasser: Friedhelm Terfrüchte, Planungsbüro DTP Landschaftsarchitekten GmbH; Bauherren + Planungsträger: Städtegemeinschaft Essen, Heiligenhaus, Velbert, Wülfrath, Haan + Kreis Mettmann I **15 FRANKFURT AM MAIN** : Neubau Osthafenbrücke / Sanierung Honsellbrücke Auftraggeber und Bauherr: Stadt Frankfurt vertreten durch das ASE Amt für Straßenbau und Erschließung; Planer Neubau Osthafenbrücke: ARGE Ferdinand Heide Architekt – Grontmij GmbH; Planer Ertüchtigung der denkmalgeschützten Honsellbrücke: ARGE Ferdinand Heide Architekt – König und Heunisch I **16 FRANKFURT AM MAIN** : Vernetzte Spiel- und Begegnungszonen Planverfasser: Planersocietät I Stadtplanung Verkehrsplanung Kommunikation; Dr. Michael Frehn, Stadtplaner AKNW (Rahmenplanung, Moderation und Gesamtprojektsteuerung); Architekten, Landschaftsarchitekten und Stadtplaner: Stadt Frankfurt am Main, Referat Mobilitäts- und Verkehrsplanung; Scape Landschaftsarchitekten; Dipl. Ing. Matthias Funk, Landschaftsarchitekt AKNW; Bauherren und Planungsträger: Stadt Frankfurt am Main I **17 GELSENKIRCHEN** : Rückgewinnung der Mitte – Das neue Hans-Sachs-Haus Bauherr: Stadt Gelsenkirchen; Planverfasser Hans-Sachs-Haus und Alfred-Fischer-Platz: Planungsgemeinschaft NSH – gmp Generalplanungsgesellschaft mbH und Winter Beratende Ingenieure für Gebäudetechnik GmbH, Aachen; Rainer Schmidt Landschaftsarchitekten GmbH, Berlin; Planverfasser Heinrich-König-Platz und Eberstraße: Stefan Bernard Landschaftsarchitekten, Berlin; Krampe Schmidt Architekten BDA, Bochum; arbos Freiraumplanung GmbH & Co. KG, Hamburg I **18 GÖTTINGEN** : Stadtplatz Grone, Umbau und Umnutzung Parkdeck Bauherr: Prometheus Immobilien Verwaltungs GmbH und Co. KG, Erster Immobilienfonds für Deutschland vertreten durch Berlinovo Immobilien Gesellschaft mbH, Berlin; Asset Management (Rahmenvertrag Technische Instandhaltung): Valteq THProjektmanagement GmbH, Berlin; Konzept, Entwurf, Planung: Fabian Lippert, LKA-Berlin (Lippert Kavelly Architekten), Berlin; Bodenbild, künstlerische Beratung: Ina Geißler, Bildende Künstlerin, Berlin; Statik: RBG Ingenieure, Northeim I **19 GREBENSTEIN** : Fußgängerbrücke am Dreimännchen Gesamtkonzept: LP 1–3 Arbeitsgruppe Stadt, Kassel; Ausführung: LP 4–9 Latz Riehl Partner Landschaftsarchitekten, Kassel; Tragwerksplanung: Reitz und Pristl Ingenieurgesellschaft mbH, Kassel; Bauherrschaft: Stadt Grebenstein I **20 GREVENBROICH** : Wohnquartier „Am Flutgraben" Planverfasser: Werkgemeinschaft Quasten, Mundt; Bauherr: Bauverein I **21 HAMBURG** : Äußere Erschließung Hafencity Bauherr: Landesbetrieb für Straßen, Brücken und Gewässer (LSBG); Team: LRW Architekten und Stadtplaner, Loosen, Rüschoff + Winkler PartG mbB, Hamburg; gartenlabor landschaftsarchitekten nicola bruns_ando yoo GbR (Projektleitung: Ando Yoo), Hamburg; Lph 1–8; Ingenieurbüro BKP Wolfgang Bielke Verkehrsplanung, Hamburg Lph 1–5; ARGUS Stadt- und Verkehrsplanung, Hamburg Lph 6–8; ausführende Firmen: 1. BA Eurovia GmbH I Osbahr GmbH; 2. BA Strabag AG I Osbahr GmbH I **22 HAMBURG** : Umgestaltung Krieterstraße Auftraggeber: Freie und Hansestadt Hamburg vertreten durch: GWG Gewerbe/Bezirksamt Hamburg Mitte/Behörde für Schule und Berufsbildung Hamburg/IBA Hamburg; Verkehrsplanung: ARGUS Stadt- und Verkehrsplanung, Hamburg; Landschaftsarchitektur: Breimann & Bruun GmbH & Co KG, Hamburg; weitere Mitwirkende: bof Architekten, Hamburg I **23 HAMM** : Der Landschaftspark Lippepark Hamm – Umwandlung einer Bergbaufolgelandschaft zum Bürgerpark Planung: Arge Landschaftsarchitektur: Davids, Terfrüchte & Partner, Essen und Scape Landschaftsarchitekten, Düsseldorf, Ingenieurbau Schüssler Plan, Düsseldorf; Bau: Bietergemeinschaft Mennigmann/Schneider, Hamm, Stahlbau: Fa. Göke (Hamm); Bauherrin: Stadt Hamm; weitere Planungsbeteiligte: RAG Montan Immobilien I **HEILIGENHAFEN** : Heiligenhafen, Binnensee-Südpromenade Planverfasser: Siller Landschaftsarchitekten, Kiel; Tragwerksplanung: Ing.-Büro Schönfeld – Beratende Ingenieure, Preetz; Bauleitung Ingenieurbauwerke und Vermessung. Ing.-Büro Merkel, Kiel; Bauherr: Heiligenhafener Verkehrsbetriebe, Heiligenhafen I **JENA** : Freiraumgestaltung Saalebogen Planverfasser: IHLE Landschaftsarchitekten GbR; Auftraggeber: Stadt Jena, Fachbereich Stadtentwicklung und Stadtplanung I **24 JENA** : Lichtenhainer Brücke mit Umfeld B. A. S. Kopperschmidt + Moczala GmbH, Christian Moczala, Juliane Kopperschmidt, Planungsbüro: Rahmenplanung und Freianlagenplanung; Ingenieurgemeinschaft Setzpfandt Meiningen GmbH, Gerhard Setzpfandt, Planungsbüro: Brückenplanung; Stadt Jena, Dezernat III – Stadtentwicklung & Umwelt, Dr. Ing. habil. Matthias Lerm I **25 KÖLN** : Neuordnung Breslauer Platz Planverfasser: Manfred Menzel Architekt BDA; Mitarbeiter: Alexander Matkovski, Michael Tertilte, Volker Helling; Architekten: Büder + Menzel Architekten BDA Köln/Brühl; Kai Büder, Manfred Menzel; Verkehrsplaner: Runge + Küchler Düsseldorf; Bauherr Baustein 1 Eigelstein bis Breslauer Platz: KVB Kölner Verkehrsbetriebe AG; Planungsträger: Stadt Köln Dezernat VI Stadtentwicklung Planen und Bauen I **26 LANDSBERG AM LECH** : Umgestaltung des Hauptplatzes Bauherr: Stadt Landsberg am Lech – Stadtbaumeisterin Annegret Michler, Landsberg; Landschaftsarchitektur: lohrer.hochrein landschaftsarchitekten und stadtplaner gmbh, München; Lichtplanung: Day & Light Lichtplanung GbR I **27 LEIPZIG** : City-Tunnel Bauherren: Freistaat Sachsen, Bernd Sablonty, Abteilungsleiter Verkehr „Projekt Citytunnel Leipzig"; DB Netze, Michael Müer, Leiter Regionalbereich Südost, DB Netz AG, Dirk Stecher, Leiter Großprojekte Knoten Halle/Leipzig; Städtebauliche Planung und Unterstützung: Stadt Leipzig, Dezernat Stadtentwicklung und Bau; Architekten: HPP Hentrich-Petschnigg & Partner, Düsseldorf; Kellner-Schleich-Wunderling Architekten + Stadtplaner, Hannover; Prof. Max Dudler, Berlin; Prof. Peter Kulka, Dresden I **28 LOITZ** : Peeneufer und Marina Bauherren: Stadt Loitz, BIG-Städtebau Mecklenburg-Vorpommern GmbH als treuhänderischer Sanierungsträger; Planung: Konermann Siegmund Architekten BDA Stadtplaner Hamburg/Lübeck und IWR Ingenieur- und Wirtschaftsbüro Rostock I **29 LUDWIGSBURG** : Akademiehof und -garage Bauherr: Ludwigsburger Parkierungsanlagen GmbH, Ludwigsburg; Freianlagen Akademiehof und Glaskuben: FREIE PLANUNGSGRUPPE 7, Büro für Stadtplanung und Architektur, Stuttgart; Freianlagen Akademiehof und Glaskuben, Bauleitung: Rauschmeier Ingenieure GmbH, Bietigheim-Bissingen; Akademiehofgarage: KMB PLAN I WERK I STADT GmbH, Ludwigsburg I **30 MANNHEIM** : Lärmschutzwand im Glücksteinquartier Architekten: netzwerkarchitekten, Darmstadt; zusammen mit: Ingenieurbüro Schiffer und Partner, Saarbrücken; Bauherrschaft: Stadt Mannheim, Fachbereich Tiefbau und Fachbereich Stadtplanung I **31 MEMMINGEN** : Elsbethenareal und Schrannenplatz Architekten: Kay Trint, Hanno Kreuder, Köln; Landschaftsarchitekt: Dipl.-Ing. (FH) Burkhard Wegener, Dipl.-Ing. (FH) Frank Flor, Dipl.-Ing. (FH) Jörg Homann, Dipl.-Ing. (FH) Götz Klose, club L94 Landschafsarchitekten GmbH, Köln; Bauherr: Herr Rothdach. Siebendächer Baugenossenschaft e. G., Memmingen mit Hochbauamt Stadt Memmingen; Bauleitung Freianlagen und Straßenbau: Dipl.-Ing. Maximilian Lippert (Ingenieurbüro), Memmingen I **32 MÜNCHEN** : Joseph Pschorr Haus Bauherr: Bauherr: Bayerische Hausbau GmbH & Co. KG; Architekten (LPH 1–4, LPH 5/künstlerische

Oberleitung Gebäudehülle): Kuehn Malvezzi Architekten und (LPH 5 Rohbau+Ausbau) Lauber+Zottmann Architekten **I 33 MÜNCHEN : Neugestaltung am Harras** Planung: ARGE Harras, bbz landschaftsarchitekten; atelier pk architekten; Verkehrsplanung: Ingenieurbüro Schönenberg+Partner; Bauherr: Landeshauptstadt München, Baureferat Tiefbau, Baureferat Hochbau, Baureferat Gartenbau; Projektleitung: Baureferat Tiefbau, München **I 34 MÜNCHEN : Nymphenburger Höfe** Bauherr: Optima-Aegidius-Firmengruppe, IKR Bauträger GmbH; Architekten: steidle architekten; SAI Scheller; Maier Neuberger; Henchion Reuther **I 35 MÜNCHEN : Stachus Passage** Bauherr: LBBW Immobilien Development GmbH, Stuttgart; Wettbewerb und Realisierung: Allmann, Stattler, Weppner Arch.; Tragwerksplanung und Technische Gebäudeausrüstung: Obermeyer Planen + Beraten GmbH, München; Fassadenplanung: R+R Fuchs Ingenieurbüro für Fassadentechnik, München; Signaletik: Integral Ruedi Baur, Zürich; Lichtkonzept: Schmidt König Lichtdesign, München **I 36 MÜNCHEN : Welfenstraße – Vielfalt in der Einheit** Planverfasser: Städtebau/künstlerische Koordination: 03 Architekten GmbH, München; weitere am Hochbau beteiligte Architekten: Peter Ebner and friends, Hild und K Architekten, Stefan Forster Architekten; Landschaftsarchitekten: WGF Landschaftsarchitekten, studio B Landschaftsarchitektur; Bauherr: Bayerische Hausbau International GmbH, GBW Regerhof AG; Bauabschnitt Tassilohof: 03 Architekten GmbH in Arge mit omarc Architekten; Bauabschnitt Regerhof: 03 Architekten GmbH in Arge mit omarc Architekten, Hild und K Architekten; Bauabschnitt Löwenhof: Peter Ebner and friends, Stefan Forster Architekten **I 37 MÜNCHEN : Wohn- und Geschäftshaus – Schließung innerstädtischer Lücke** Bauherr: GWG Städtische Wohnungsgesellschaft mbH; Entwurf und Planung: Zwischenräume Architekten+Stadtplaner GmbH, BDA, München; Statik: Förster+Sennewald Ingenieurgesellschaft, München; Haustechnik: Ingenieurbüro Konrad Huber GmbH, München und Ingenieure Süde GmbH Akustik+Bauphysik, München; Freiramplanung: Keller Damm Roser Landschaftsarchitekten Stadtplaner GmbH, München **I MÜNSTER : Neubau Geschäfts- und Wohnkomplex Alter Fischmarkt** Bauherr: Alter Fischmarkt Assets GmbH & Co. KG; Architekten: Pfeiffer, Ellermann, Preckel Architekten und Stadtplaner BDA; Landschaftsarchitekten: Bimberg Landschaftsarchitekten BDLA; Haustechniker: Ingenieurbüro Nordhorn; Statiker: Gantert+Wiemeler Ingenieuerplanung; Brandschützer: Ingenieursoietät SKP Schürmann-Kindmann und Partner GBR; Vermesser: Dr. Drees & Schlüter; Bauphysiker: Hansen Ingenieuere; Bodengutachter: GeoExperts Dr. Kühne & Partner; Planungsdezernent: Herr Thielen, Stadt Münster **I 38 NEU-ZIPPENDORF : Neu-Zippendorfer Seeterrassen** Architekten und Stadtplaner: Arbeitsgemeinschaft: Mikolajczyk – Keßler – Kirsten und Architekturbüro André Keipke, Arbeitsgemeinschaft Freier Architekten, Schwerin und Rostock; Landschaftsarchitektin: LAB Schrenk Garten-Ideen, Rostock; Fachplaner Haustechnik: Ingenieurbüro für Gebäudeausrüstung Weidner+Partner und Ingenieurbüro Schubert; Schwerin; Bauherr: Schweriner Wohnungsbaugenossenschaft e.G., Schwerin **I 39 NORDHORN : NINO Wirtschaftspark Kompetenzzentrum Wirtschaft** Bauherr: Stadt Nordhorn, FB 4 Stadtentwicklung, Bau und Umwelt; NINO Sanierungs- und Entwicklungsgesellschaft, NINO Hochbau GmbH & Co. KG, Nordhorn; Planungsgesellschaft Kresing & Lindschulte Kresing Architekten, Münster **I 40 OFFENBURG : Wohnen am Stadtwald** Bauherr: GEMIBAU, Mittelbadische Baugenossenschaft eG, Offenburg; Architekten: Franz und Geyer, Freie Architekten BDA dwb; Statik: Frenzel Klumpp Bauingenieure; Haustechnik: Lenz Ingenieurbüro VDI; Landschaftsarchitekt: Andreas Krause **I 41 OSNABRÜCK : Umbau und Neugestaltung Rosenplatz** Bauherr: Stadt Osnabrück, Fachdienst Straßenbau; Gesellschaft für Stadterneuerung mbH Sanierungsträgerin der Stadt Osnabrück; Planung: arge rosenplatz: yellow z urbanism architecture zürich berlin; lad +landschaftsarchitektur diekmann, Hannover; BPR I Planen Beraten Realisieren, Hannover; maßgeblich beteiligte Fachplaner: BEVBE – Rolf Werner Dipl. Ing. HTL/STV; Ingenieurbüro René Mäurich; Maßgeblich beteiligte Firmen/Produkte: Straßenbau: Dieckmann Bauen & Umwelt GmbH & Co. KG, Osnabrück; Betonarbeiten: Hamelner Bahn- und Tiefbau GmbH. Coppenbrügge; Stahlbau: Bauschlosserei Larberg GmbH & Co. KG, Ostercappeln; Leuchten: Hess AG, Villingen-Schwenningen **I PFORZHEIM : Leitplanung** ISA Internationales Stadtbauquartier; Stadt Pforzheim, Amt für Stadtplanung, Liegenschaften und Vermessung; Grünflächen- und Tiefbauamt, Grünflächenplanung; Hettler und Partner **I 42 RADEBEUL-OST : Neue Mitte** Architekten: aT2 – architektur TRAGWERK, Radebeul; Kretschmar + Dr. Borchers Freie Architekten, Dresden; Keintzel Architekten, Berlin; SAI Scharrer Architekten & Ingenieure, Radebeul; Landschaftsarchitekten: rsp freiraum gmbh, Dresden; weitere Fachplaner: IPROconsult GmbH, Dresden; Bauherren/Planungsträger: Große Kreisstadt Radebeul, Geschäftsbereich Stadtentwicklung und Bau, Dr. Christoph Dross, München, SSB Immobilien GmbH & Co. KG, Radebeul **I 43 RATHENOW : Umgestaltung Hauptstraße** Planverfasser: Dipl.-Ing. Stadt- und Regionalplanung Jens Hubald sowie Dipl.-Ing. Verkehrsplanung Dirk Aberspach, beide bei ISP STEINBRECHER u. PARTNER Ingenieurgesellschaft mbH; Bauherrin und Planungsträgerin: Stadt Rathenow, maßgeblich vertreten durch Herrn Dipl.-Ing. Jörg Kasprzyk **I 44 RECKLINGHAUSEN : Neugestaltung Neumarkt** Bauherr: Stadt Recklinghausen; RaumPlan Aachen **I 45 REGENSBURG : ZOH Campus der Universität** Planverfasser: Andreas Kicherer, Christian Kirchberger; Architekten: Dipl. Ing. Christian Kirchberger; Landschaftsarchitekten: Dipl. Ing. Andreas Kicherer; Bauherr: Regensburg Verkehrsbetriebe GmbH in Kooparation mit der Universität Regensburg **I 46 SIGMARINGEN : Neugestaltung Leopoldplatz – Zentrale Omnibushaltestelle** Auftraggeber: Kreisstadt Sigmaringen, Bürgermeister Thomas Schärer, Stadtbaumeister Thomas Exler; Entwurf und Planung: Städtebau, Platzgestaltung und Haltestellen-Überdachungen KRISCHPARTNER Architekten BDA, Stadtplaner SRL DASL, Tübingen verantwortlich: Rüdiger Krisch; Mitarbeit: Hans-Ulrich Braun, Max Bührer, Tim Gork; Ausführungsplanung Tiefbau: Ausschreibung, Bauleitung: Ingenieurbüro Langenbach, Sigmaringen, verantwortlich: Torsten Novinsky; Verkehrsplanung ÖPNV: brennerplan, Stuttgart, verantwortlich: Torsten Brenner, Svenja Sick; Tragwerksplanung Haltestellen-Überdachungen: Schneck Schaal Braun Ingenieuregesellschaft Bauen, Tübingen; verantwortlich: Friedrich Schneck **I 47 STUTTGART : Neugestaltung Marienplatz** Bauherr Platz: Landeshauptstadt Stuttgart, Amt für Stadtplanung und Stadterneuerung, Stuttgart; Bauherr ÖPNV: Stuttgarter Straßenbahnen AG, Stuttgart; Architekten/Gesamtplanung: FREIE PLANUNGSGRUPPE 7, Büro für Stadtplanung und Architektur, Stuttgart; Planung Brücke/Statik/Bauleitung: Ingenieurbüro Prof. Dr.-Ing. Bechert und Partner, Stuttgart; Bauleitung: Architekturbüro Eichmeier, Husby **I 48 WERNIGERODE : Wellenhaus Stadtfeld** Planverfasser und Architekten: Emilia Kuczkowska, Uwe Sager, Ingenieurgesellschaft BBP Bauconsulting mbH, Berlin; Landschaftsarchitekten: Brummell Landschaftsarchitekten International, Berlin; Stadtplaner: StadtBüro Hunger, Stadtforschung und -entwicklung GmbH, Berlin; weitere Fachplaner in der Projekterarbeitung: Ingenieurgesellschaft BBP Bauconsulting mbH, Berlin (Planung, Statik, Haustechnik, Energieberatung, Brandschutz, Projektsteuerung); Bauherren: Gebäude- und Wohnungsbaugesellschaft Wernigerode mbH, Wernigerode; Planungsträger: Ingenieurgesellschaft BBP Bauconsulting mbH, Berlin **I 49 WETZLAR : Leitzpark mit Neubau Leica Camera AG** Planverfasser: Gruber+Kleine-Kraneburg Architekten; Architekten: Gruber+Kleine-Kraneburg Architekten; Landschaftsarchitekten: Wewer Landschaftsarchitektur, Frankfurt; sowie weiteren Fachplanern, soweit sie maßgeblich an der Projekterarbeitung beteiligt waren: Bauausführende Firmen: ARGE Dressler-Lupp; Tragwerksplanund und Brandschutz: Reichmann+Partner, Ehringshausen; TGA-Planung: HPI Himmen Ingenieurfachplaner, Köln; Bauphysik: Graner+Partner Ingenieure; Fassade: Christian Bonik Fassadenberatung; Ausstellungsplanung: Designbureau KM7; Lichtplanung: Lichtvision Design & Engineering GmbH; Küchenplanung: PROFIL Gastronomie Planung+Innovation GmbH; Bauherren: Leitz-Park GmbH **I 50 WETZLAR : Gestaltung Bahnhofsumfeld** Planverfasser: Herr Dipl. Ing. beratender Ingenieur Andreas Roll; Architekten, Landschaftsarchitekten und Ingenieure: M.A. Stadtplanung (FH), Dipl.Ing.(FH) Kerstin Münz; Dipl. Ing. (FH), Architekt Sven Schneider; Dipl. Ing. Martin Morschhäuser; Dipl. Ing. Volker Knödler; Bachelor of Arts (FH) Maximilian Kolb; Bauherr und Planungsträger: Stadt Wetzlar, Der Magistrat, Tiefbauamt **I 51 WORPSWEDE : Neugestaltung Bergstraße** [f] landschaftsarchitektur gmbh; Planverfasser/Architekt: Gunter Fischer; Bauherr: Gemeinde Worpswede **I 52 ZEULENRODA : Umgestaltung Markt und Tuchmarkt** Landschaftsarchitekt: Dipl.-Ing. (FH) Burkhard Wegener, Dipl.-Ing. (FH) Frank Flor, Dipl.-Ing. (FH) Jörg Homann, Dipl.-Ing. (FH) Götz Klose, club L94 Landschaftsarchitekten GmbH, Köln; Bauherr: Stadtverwaltung Zeulenroda-Triebes; Sanierungsträger: Landesentwicklungsgesellschaft Thüringen mbH (LEG), Erfurt

Abbildungsverzeichnis und Bildnachweise

Titel (Ausschnitte): Erfurt – Neugestaltung des Fischmarkts, Fischmarkt Erfurt bei Nacht, Stadtplanungsbüro Wilke; Hamburg-Wilhelmsburg – Neue Mitte Wilhelmsburg, Plan Workshopverfahren, Agence Ter.de GmbH Landschaftsarchitekten; München – Hofstatt, Stadthaus Sendlinger Straße, Luftbild Hofstattareal, Michael Heinrich; Raunheim – Geh- und Radwegbrücke über den Ölhafen, Hafeneinfahrt mit Rondell, Schüßler-Plan, Sabine Reddig; Motiv umlaufend: Berlin – Park am Gleisdreieck, Ostpark, barrierefreier Übergang, Julien Lanoo; Rückseite Umschlag: Berlin – Park am Gleisdreieck, Julien Lanoo

S. 006 Abb. 01 Jürgen Schreiter, Darmstadt
S. 008 Abb. 01 Jürgen Schreiter, Darmstadt
S. 010 Abb. 01 Entwurf Christian Mathieu (Ausschnitt), Bildarchiv GTA, TU Darmstadt
S. 011 Abb. 02 Bildarchiv GTA, TU Darmstadt
S. 012 Abb. 03, 04, 05 Bildarchiv GTA, TU Darmstadt
S. 013 Abb. 06, 07, 08, 09 Bildarchiv GTA, TU Darmstadt
S. 014 Abb. 10, 11 Bildarchiv GTA, TU Darmstadt
S. 015 Abb. 12, 13, 14 Bildarchiv GTA, TU Darmstadt
S. 016 Abb. 15, 16, 17, 18 Bildarchiv GTA, TU Darmstadt
S. 018 Abb. 01 Jürgen Schreiter, Darmstadt
       Abb. 02 Privatsammlung Rom, VG Bild-Kunst, Bonn 2012, Bucerius Kunst Forum
S. 019 Abb. 03 Bildarchiv GTA, TU Darmstadt
S. 019 Abb. 04, 05 Stadt Ulm
S. 020 Abb. 06, 07 Hartmut Topp
S. 021 Abb. 08 Stadt Speyer
       Abb. 09 Landry
       Abb. 10, 11, 12, 13 Hartmut Topp
S. 022 Abb. 14, 16 Hartmut Topp
       Abb. 15 Stadt Duisburg
       Abb. 17, 18 Woodhouse
S. 023 Abb. 19 Stadt Pforzheim
       Abb. 20, 21 Stadt Pforzheim
       Abb. 22 Hartmut Topp
S. 024 Abb. 23 Stadt Augsburg/Wunderle
       Abb. 24, 25 Hartmut Topp
S. 025 Abb. 26, 27 R+T, Darmstadt
       Abb. 28, 29 Hartmut Topp
S. 026 Abb. 30, 31 Stadt Ulm
       Abb. 32 Büro Braunfels Architekten/Zooey Braun
S. 028 Abb. 01 Jürgen Schreiter, Darmstadt
S. 031 Abb. 02 Jürgen Schreiter, Darmstadt
S. 032 Abb. 03, 04 Werner Durth, Darmstadt
S. 035 Abb. 05, 06, 07 Jürgen Schreiter, Darmstadt
S. 036 Abb. 08, 09, 10 Bildarchiv GTA, TU Darmstadt
S. 041 Abb. 11, 12 Werner Durth, Darmstadt
S. 042 Abb. 01 Thomas Hahn, Polynox, Darmstadt
S. 045 Abb. 02 Jürgen Schreiter, Darmstadt
S. 046 Abb. 03 Hentrup Heyers Architekten, Aachen
S. 047 Abb. 04, 05, 06 Jürgen Schreiter, Darmstadt
S. 048 Abb. 07 Hartmut Topp
       Abb. 08 van Vugt
S. 049 Abb. 09, 10 Gehl Architects
S. 050 Abb. 11 Ralph Hinterkeuser
S. 051 Abb. 12, 13 Forschungsgesellschaft für Straßen- und Verkehrswesen FGSV, 2010: Hinweise zur Integration von Kindern und Jugendlichen in die Verkehrsplanung
       Abb. 14 Werner Durth, Darmstadt
S. 052 Abb. 01 Thomas Hahn, Polynox, Darmstadt
S. 052 Abb. 02, 03 Jürgen Schreiter, Darmstadt
S. 053 Abb. 04 Jürgen Schreiter, Darmstadt

S. 054 Abb. 01 Jürgen Schreiter, Darmstadt
S. 056 Abb. 01 Jürgen Schreiter, Darmstadt
S. 057 Abb. 02 Armin Buhl © Wüstenrot Stiftung
       Abb. 03 Stefan Krämer © Wüstenrot Stiftung
       Abb. 04 Bernd Hiepe © Wüstenrot Stiftung
       Abb. 05 Thomas Knapppheide © Wüstenrot Stiftung
S. 058 Abb. 06, 07 Jürgen Schreiter, Darmstadt
S. 060 Abb. 01 Jürgen Schreiter, Darmstadt
S. 061 Abb. 02 Werner Durth, Darmstadt
S. 062 Abb. 03 Jürgen Schreiter, Darmstadt
S. 065 Abb. 04 Werner Durth, Darmstadt
S. 066 Abb. 01 Thomas Hahn, Polynox, Darmstadt
S. 067 Abb. 02, 03, 04 Jürgen Schreiter, Darmstadt
S. 068/069 Abb. 01 Jürgen Schreiter, Darmstadt
S. 068 Abb. 02, 04, 05, 06, 07 Thomas Hahn, Polynox, Darmstadt
       Abb. 03 Jürgen Schreiter, Darmstadt
S. 069 Abb. 08, 10, 11, 13 Thomas Hahn, Polynox, Darmstadt
       Abb. 09, 12 Jürgen Schreiter, Darmstadt
S. 070 Abb. 01, 03, 04 Jürgen Schreiter, Darmstadt
       Abb. 02, 05 Thomas Hahn, Polynox, Darmstadt
S. 071 Abb. 06, 07, 09, 10, 11, 12 Jürgen Schreiter, Darmstadt
       Abb. 08 Thomas Hahn, Polynox, Darmstadt
S. 074/75 Abb. 01 IBA Hamburg GmbH/www.luftbilder.de
S. 076 Abb. 02 Landesbetrieb Geoinformation und Vermessung
       Abb. 03 kfs Architekten, Lübeck
       Abb. 04 © Gerber Architekten, Foto: Hans-Jürgen Landes
S. 078 Abb. 05 © Gerber Architekten, Foto: Hans-Jürgen Landes
       Abb. 06 Martina Voser
S. 079 Abb. 07 IBA Hamburg GmbH/Kai-Michael Dietrich
       Abb. 08 IBA Hamburg GmbH/René Reckschwardt
S. 080 Abb. 09, 10 IBA Hamburg GmbH, Superurban und Stadt Planbar
S. 081 Abb. 11 IBA Hamburg GmbH, Superurban, Stadt Planbar und die Bewohner des Quartiers
S. 082/83 Abb. 01 Michael Heinrich
S. 085 Abb. 02 Michael Heinrich
       Abb. 03 Meili, Peter Architekten München
S. 086 Abb. 04 Michael Heinrich
S. 087 Abb. 05 Simone Rosenberg
S. 088 Abb. 06, 07 Michael Heinrich
       Abb. 08 Simone Rosenberg
S. 089 Abb. 09 Simone Rosenberg
       Abb. 10, 11 Philip Kurz
S. 091 Abb. 01, 02, 03, 04, 05 Wette + Künecke Landschaftsarchitekten
S. 092 Abb. 06, 08, 09 Wette + Künecke Landschaftsarchitekten
       Abb. 07 Torsten Wiegand
S. 093 Abb. 10 Wette + Künecke Landschaftsarchitekten
       Abb. 11 Angelika Stück
       Abb. 12 Wette + Künecke Landschaftsarchitekten
       Abb. 13, 14, 15 Angelika Stück
S. 095 Abb. 01 Adam Sevens
       Abb. 02 Lutz Hannemann
       Abb. 03 Tina Merkau
       Abb. 04 Stadt-Land-Fluss-Büro für Städtebau und Stadtplanung
S. 096 Abb. 05, 07, 08 Adam Sevens
       Abb. 06 Caroline von Zadow
S. 097 Abb. 09, 11 Martin zur Nedden
       Abb. 10 Lutz Hannemann
S. 097 Abb. 12 Ulf Böttcher
S. 099 Abb. 01, 03, 04, 05 Bembé Dellinger Architekten und Stadtplaner GmbH
S. 099 Abb. 02 bing.com

S. 100 Abb. 06, 07, 08, 09 Bembé Dellinger Architekten und Stadtplaner GmbH
S. 101 Abb. 10, 11, 12, 13 Bembé Dellinger Architekten und Stadtplaner GmbH
S. 102 Abb. 01, 02, 03 Osterwold°Schmidt EXP!ANDER Architekten
S. 103 Abb. 04, 05, 06, 07, 08, 09, 10 Osterwold°Schmidt EXP!ANDER Architekten
S. 105 Abb. 01, 02, 03, 04, 05, 06, 07, 08, 09 Agence Ter.de GmbH Landschaftsarchitekten
S. 106 Abb. 01, 02, 03 Olaf Mahlstedt
S. 107 Abb. 04, 05, 06, 09, 11 Landeshauptstadt Hannover, Fachbereich Planen
      Abb. 07 Eberhard Wydmuch
      Abb. 08, 10, 13 Olaf Mahlstedt
      Abb. 12 agsta Architekten und Ingenieure
S. 109 Abb. 01, 02, 03, 04, 05, 06, 07, 08, 09, 10 Stadtplanungsbüro Wilke
S. 110 Abb. 01 GWG München
S. 111 Abb. 02 Bayerische Vermessungsverwaltung (493/14)
      Abb. 03, 04, 09 GWG München
      Abb. 05, 08, 10 Philip Kurz
      Abb. 06, 07 Stefan Müller-Naumann
S. 112 Abb. 01 GEWOFAG Holding GmbH
S. 113 Abb. 01, 02, 03, 04, 05, 06, 07, 09, 10 GEWOFAG Holding GmbH
      Abb. 08 Philip Kurz
S. 114 Abb. 01 Jürgen Creutzburg
      Abb. 02, 03 Rena Wandel-Hoefer
S. 115 Abb. 04, 06 Stadt Weimar
      Abb. 05, 09, 10 Jürgen Creutzburg
      Abb. 07 Weimarplan GmbH
      Abb. 08 Schegk Landschaftsarchitekten | Stadtplaner
      Abb. 11 Frank Aussiecker
S. 116/117 Abb. 01 Stadtplanungsbüro Wilke
S. 119 Abb. 02, 03, 04 Stadtplanungsbüro Wilke
S. 120 Abb. 05, 06 Stadtplanungsbüro Wilke
      Abb. 07, 08 Rena Wandel-Hoefer
S. 121 Abb. 09, 10 Stadtplanungsbüro Wilke
S. 122 Abb. 11 Stadtplanungsbüro Wilke
S. 123 Abb. 12, 13, 14 Stadtplanungsbüro Wilke
S. 125 Abb. 01, 02 Julien Lanoo
S. 126 Abb. 03, 04 Atelier LOIDL Landschaftsarchitekten
S. 127 Abb. 05 Martin zur Nedden
      Abb. 06, 07, 08, 09, 10 Julien Lanoo
S. 128 Abb. 01, 02 Stadtarchiv Kassel
      Abb. 03, 04 PLF Landschaftsarchitekten
S. 129 Abb. 05 Google Maps
      Abb. 06 PLF Landschaftsarchitekten
S. 130 Abb. 07, 08, 09, 10 PLF Landschaftsarchitekten
S. 131 Abb. 11, 12, 13, 14, 15 PLF Landschaftsarchitekten
      Abb. 16 Hartmut Topp
S. 132 Abb. 01 Wolfram Janzer
      Abb. 02 Roland Halbe
S. 133 Abb. 03 Stadt Eppingen
      Abb. 04, 05, 07, 10 Wick+Partner
      Abb. 06, 08, 09, 11, 12 Roland Halbe
S. 134 Abb. 01, 02 club L94 Landschaftsarchitekten GmbH
S. 135 Abb. 03, 04, 05, 06, 07, 08, 09, 10 club L94 Landschaftsarchitekten GmbH
S. 136 Abb. 01 Stadt Leipzig
      Abb. 02 Marcus Bredt
      Abb. 03 Rena Wandel-Hoefer
S. 137 Abb. 04, 06 Stadt Leipzig
      Abb. 05 GoogleMaps
      Abb. 07 Photografiedepot
      Abb. 08, 09 Paul Prakies
      Abb. 10, 11 Marcus Bredt

S. 137 Abb. 12 Rena Wandel-Hoefer
S. 138 Abb. 01, 02 Schüßler-Plan, Sabine Reddig
S. 139 Abb. 03 Schüßler-Plan, Sabine Reddig
      Abb. 04, 05, 06, 07 NH ProjektStadt
S. 140 Abb. 01 Urheber Jörg Hempel Photodesign
      Abb. 02 Urheber Dipl. Ing. Robert Mehl, dauerhafte Veröffentlichungsrechte pbs architekten Planungsgesellschaft mbH
S. 140 Abb. 03 Palladium Photodesign, Barbara Burg, Oliver Schuh, Köln
      Abb. 04 Ute Kühlewind, Marketingabteilung, Stadtbauamt Bad Wildungen
      Abb. 05 Walter Vielain, Bildrechte bei Abelmann Vielain Pock Architekten BDA
S. 140 Abb. 06 Franz Brück, Berlin
      Abb. 07 René Wildgrube
      Abb. 08 Conné van d'Grachten, Ulm
      Abb. 09 Urheber Heiner Stephan
      Abb. 10 Nikolai Benner
      Abb. 11 Claus Bach, Weimar, Bildrechte bei Schettler Architekten
      Abb. 12 Urheber Marcel Krummrich Fotodesign, Erfurt
      Abb. 13 Claudia Dreyße
      Abb. 14 Martin Richardt, Planungsbüro DTP GmbH
      Abb. 15 Frank Heinen
S. 141 Abb. 16 Bildrechte bei Planersocietät – Stadtplanung, Verkehrsplanung, Kommunikation; Dr.-Ing. Frehn, Steinberg Partnerschaft; Dortmund
      Abb. 17 Thomas Robbin/architektur-bildarchiv.de
      Abb. 18 Foto_Christine_Erhard
      Abb. 19 Copyright bei Arbeitsgruppe Stadt, Kassel
      Abb. 20 Lothar Berns
      Abb. 21 Martin Kunze
      Abb. 22 Mark Pflüger/Breimann & Bruun
      Abb. 23 Urheber Hans Blossey, Nutzungsrechte Stadt Hamm
      Abb. 24 D. Hädicke (bei B.A.S. Kopperschmidt + Moczala GmbH)
      Abb. 25 Harald Oppermann
      Abb. 26 Edward Beierle für lohrer.hochrein landschaftsarchitekten und stadtplaner gmbh
      Abb. 27 Stefan Müller, Berlin
      Abb. 28 Karin Heymann, Loitz; uneingeschränkte Nutzungs- und Veröffentlichungsrechte bei BIG Städtebau GmbH
      Abb. 29 Dietmar Strauß, Architekturfotografie, Besigheim
      Abb. 30 N. Storch; Bildrechte bei netzwerkarchitekten Gmbh
S. 142 Abb. 31 Fotoatelier Holtschneider, Lohmar
      Abb. 32 Quelle: Bayerische Hausbau, München
      Abb. 33 Stefan Müller, Berlin
      Abb. 34 Markus Lanz
      Abb. 35 Brigida Gonzales
      Abb. 36 Walter Mair
      Abb. 37 Architekturfotografie Ingrid Scheffler
      Abb. 38 Schweriner Wohnungsbaugenossenschaft e.G., Foto: Martina Kaune
      Abb. 39 Werner Westdörp/NINO SEG mbH
      Abb. 40 Miguel Babo
      Abb. 41 © 2013 Sören Deppe – Bilderwerk Hannover
      Abb. 42 Stadtverwaltung Radebeul
      Abb. 43 Rico Lange, Rathenow
      Abb. 44 Urheber Uli Wildschütz, Büro RaumPlan Aachen
      Abb. 45 Dipl.-Ing. Christian Kirchberger, Architekt BDA
S. 143 Abb. 46 Erwin Schultheiß, Sigmaringen; Stadt Sigmaringen
      Abb. 47 FREIE PLANUNGSGRUPPE 7, Stuttgart
      Abb. 48 Urheberecht bei Ingenieurgesellschaft BBP Bauconsulting mbH
      Abb. 49 Stefan Müller
      Abb. 50 Urheberecht bei StadtLandBahn, Andreas Roll, Boppard
      Abb. 51 Thomas Langreder
      Abb. 52 Fotoatelier Holtschneider, Lohmar